TRANZLATY

Language is for everyone

A nyelv mindenkié

The Call of the Wild

A vadon hívó szava

Jack London

English / Magyar

Into the Primitive
A primitívbe

Buck did not read the newspapers.

Buck nem olvasott újságot.

Had he read the newspapers he would have known trouble was brewing.

Ha olvasta volna az újságokat, tudta volna, hogy baj van készülőben.

There was trouble not alone for himself, but for every tidewater dog.

Nemcsak őrá, hanem minden dagályvízi kutyára is várt a baj.

Every dog strong of muscle and with warm, long hair was going to be in trouble.

Minden erős izmú és meleg, hosszú szőrű kutya bajba kerülhet.

From Puget Bay to San Diego no dog could escape what was coming.

Puget-öböltől San Diegóig egyetlen kutya sem menekülhetett a közelgő események elől.

Men, groping in the Arctic darkness, had found a yellow metal.

A sarkvidéki sötétségben tapogatózó férfiak sárga fémre bukkantak.

Steamship and transportation companies were chasing the discovery.

Gőzhajózási és közlekedési vállalatok üldözték a felfedezést.

Thousands of men were rushing into the Northland.

Több ezer férfi rohant be Északföldre.

These men wanted dogs, and the dogs they wanted were heavy dogs.

Ezek az emberek kutyákat akartak, és a kutyák, amiket akartak, nehéz kutyák voltak.

Dogs with strong muscles by which to toil.

Erős izmokkal rendelkező kutyák, amelyekkel megdolgozhatnak.

Dogs with furry coats to protect them from the frost.

Szőrös bundájú kutyák, hogy megvédjék őket a fagytól.

Buck lived at a big house in the sun-kissed Santa Clara Valley.
Buck egy nagy házban lakott a napsütötte Santa Clara-völgyben.

Judge Miller's place, his house was called.
Miller bíró lakása, az ő házát hívták.

His house stood back from the road, half hidden among the trees.
A háza az úttól beljebb állt, félig elrejtve a fák között.

One could get glimpses of the wide veranda running around the house.
Megpillanthatták a házat körülvevő széles verandát.

The house was approached by graveled driveways.
A házat kavicsos kocsifelhajtók közelítették meg.

The paths wound about through wide-spreading lawns.
Az ösvények széles gyepen kanyarogtak.

Overhead were the interlacing boughs of tall poplars.
Magas nyárfák összefonódó ágai hajoltak a fejük felett.

At the rear of the house things were on even more spacious.
A ház hátsó részében még tágasabbak voltak a dolgok.

There were great stables, where a dozen grooms were chatting
Voltak ott nagy istállók, ahol egy tucat lovász beszélgetett

There were rows of vine-clad servants' cottages
Sorokban álltak a szőlővel befuttatott cselédkunyhók

And there was an endless and orderly array of outhouses
És végtelen és rendezett sora volt a melléképületeknek

Long grape arbors, green pastures, orchards, and berry patches.
Hosszú szőlőlugasok, zöld legelők, gyümölcsösök és bogyóskertek.

Then there was the pumping plant for the artesian well.
Aztán ott volt az artézi kút szivattyútelepe.

And there was the big cement tank filled with water.
És ott volt a nagy cementtartály, tele vízzel.

Here Judge Miller's boys took their morning plunge.
Itt tették meg reggeli csobbanásukat Miller bíró fiai.
And they cooled down there in the hot afternoon too.
És ott hűsöltek is a forró délutánon.
And over this great domain, Buck was the one who ruled all of it.
És e hatalmas birtok felett Buck uralkodott.
Buck was born on this land and lived here all his four years.
Buck ezen a földön született, és itt élt mind a négy évében.
There were indeed other dogs, but they did not truly matter.
Valóban voltak más kutyák is, de azok nem igazán számítottak.
Other dogs were expected in a place as vast as this one.
Más kutyákra is számítottak egy ekkora helyen.
These dogs came and went, or lived inside the busy kennels.
Ezek a kutyák jöttek-mentek, vagy a forgalmas kennelekben éltek.
Some dogs lived hidden in the house, like Toots and Ysabel did.
Néhány kutya elrejtve élt a házban, mint például Toots és Ysabel.
Toots was a Japanese pug, Ysabel a Mexican hairless dog.
Toots egy japán mopsz, Ysabel egy mexikói szőrtelen kutya volt.
These strange creatures rarely stepped outside the house.
Ezek a különös lények ritkán léptek ki a házból.
They did not touch the ground, nor sniff the open air outside.
Nem érintették a földet, és nem szagolgatták a szabad levegőt sem.
There were also the fox terriers, at least twenty in number.
Ott voltak a foxterrierek is, legalább húszan.
These terriers barked fiercely at Toots and Ysabel indoors.
Ezek a terrierek vadul ugatott Tootsra és Ysabelre bent.
Toots and Ysabel stayed behind windows, safe from harm.
Toots és Ysabel ablakok mögött maradtak, biztonságban a bajtól.

They were guarded by housemaids with brooms and mops.

Seprűkkel és felmosórongyokkal felfegyverzett szobalányok őrizték őket.

But Buck was no house-dog, and he was no kennel-dog either.

De Buck nem volt házkutya, és nem is kennelkutya.

The entire property belonged to Buck as his rightful realm.

Az egész birtok Bucké volt, mint jogos birodalma.

Buck swam in the tank or went hunting with the Judge's sons.

Buck a tartályban úszott, vagy a Bíró fiaival vadászott.

He walked with Mollie and Alice in the early or late hours.

Mollie-val és Alice-szel sétált a kora reggeli vagy a késői órákban.

On cold nights he lay before the library fire with the Judge.

Hideg éjszakákon a könyvtár kandallója előtt feküdt a bíróval.

Buck gave rides to the Judge's grandsons on his strong back.

Buck erős hátán lovagolta a Bíró unokáit.

He rolled in the grass with the boys, guarding them closely.

A fiúkkal hempergett a fűben, és szorosan őrizte őket.

They ventured to the fountain and even past the berry fields.

Elmerészkedtek a szökőkúthoz, sőt, még a bogyósföldek mellett is elhaladtak.

Among the fox terriers, Buck walked with royal pride always.

A foxterrierek között Buck mindig királyi büszkeséggel sétált.

He ignored Toots and Ysabel, treating them like they were air.

Nem törődött Tootsszal és Ysabellel, úgy kezelte őket, mintha levegő lenne.

Buck ruled over all living creatures on Judge Miller's land.

Buck uralkodott Miller bíró földjén élő összes élőlény felett.

He ruled over animals, insects, birds, and even humans.

Uralkodott állatok, rovarok, madarak és még emberek felett is.

Buck's father Elmo had been a huge and loyal St. Bernard.

Buck apja, Elmo egy hatalmas és hűséges bernáthegyi volt.

Elmo never left the Judge's side, and served him faithfully.

Elmo soha nem hagyta el a Bíró oldalát, és hűségesen szolgálta őt.

Buck seemed ready to follow his father's noble example.

Buck láthatóan kész volt követni apja nemes példáját.

Buck was not quite as large, weighing one hundred and forty pounds.

Buck nem volt egészen olyan nagy, száznegyven fontot nyomott.

His mother, Shep, had been a fine Scotch shepherd dog.

Az anyja, Shep, kiváló skót juhászkutya volt.

But even at that weight, Buck walked with regal presence.

De még ekkora súly mellett is Buck királyi tekintéllyel járt.

This came from good food and the respect he always received.

Ez a jó ételnek és a mindig kapott tiszteletnek volt köszönhető.

For four years, Buck had lived like a spoiled nobleman.

Buck négy éven át úgy élt, mint egy elkényeztetett nemesember.

He was proud of himself, and even slightly egotistical.

Büszke volt magára, sőt, kissé egoista is.

That kind of pride was common in remote country lords.

Az efféle büszkeség gyakori volt a távoli vidéki urak körében.

But Buck saved himself from becoming pampered house-dog.

De Buck megmentette magát attól, hogy elkényeztetett házkutyává váljon.

He stayed lean and strong through hunting and exercise.

Vadászat és testmozgás közben is karcsú és erős maradt.

He loved water deeply, like people who bathe in cold lakes.

Mélyen szerette a vizet, mint azok az emberek, akik hideg tavakban fürödnek.

This love for water kept Buck strong, and very healthy.

A víz iránti szeretete erőssé és egészségessé tette Buckot.

This was the dog Buck had become in the fall of 1897.

Ez volt az a kutya, amivé Buck 1897 őszén vált.

When the Klondike strike pulled men to the frozen North.

Amikor a Klondike-i sztrájk a fagyos Északra húzta az embereket.

People rushed from all over the world into the cold land.

Az emberek a világ minden tájáról özönlöttek a hideg vidékre.

Buck, however, did not read the papers, nor understand news.

Buck azonban nem olvasott újságot, és nem értette a híreket sem.

He did not know Manuel was a bad man to be around.

Nem tudta, hogy Manuel rossz ember a társasága.

Manuel, who helped in the garden, had a deep problem.

Manuelnek, aki a kertben segített, komoly problémával kellett szembenéznie.

Manuel was addicted to gambling in the Chinese lottery.

Manuel rabja volt a kínai lottójátékoknak.

He also believed strongly in a fixed system for winning.

Ő is erősen hitt egy fix győzelmi rendszerben.

That belief made his failure certain and unavoidable.

Ez a hite tette a kudarcát biztossá és elkerülhetetlenné.

Playing a system demands money, which Manuel lacked.

Egy rendszerhez pénz kell, ami Manuelnek hiányzott.

His pay barely supported his wife and many children.

A fizetéséből alig tudta eltartani feleségét és számos gyermekét.

On the night Manuel betrayed Buck, things were normal.

Azon az éjszakán, amikor Manuel elárulta Buckot, minden normális volt.

The Judge was at a Raisin Growers' Association meeting.

A bíró a Mazsolás Termesztők Egyesületének ülésén volt.

The Judge's sons were busy forming an athletic club then.

A bíró fiai akkoriban egy atlétikai klub megalapításával voltak elfoglalva.

No one saw Manuel and Buck leaving through the orchard.

Senki sem látta Manuelt és Buckot távozni a gyümölcsösön keresztül.

Buck thought this walk was just a simple nighttime stroll.

Buck azt hitte, hogy ez a séta csak egy egyszerű éjszakai séta.

They met only one man at the flag station, in College Park.

Csak egyetlen férfival találkoztak a College Parkban lévő zászlóállomáson.

That man spoke to Manuel, and they exchanged money.

Az a férfi beszélt Manuellel, és pénzt váltottak.

"Wrap up the goods before you deliver them," he suggested.

„Csomagold be az árut, mielőtt kiszállítod" – javasolta.

The man's voice was rough and impatient as he spoke.

A férfi hangja rekedt és türelmetlen volt, miközben beszélt.

Manuel carefully tied a thick rope around Buck's neck.

Manuel gondosan vastag kötelet kötött Buck nyaka köré.

"Twist the rope, and you'll choke him plenty"

„Csavard meg a kötelet, és alaposan megfojtod"

The stranger gave a grunt, showing he understood well.

Az idegen felnyögött, jelezve, hogy jól érti a dolgot.

Buck accepted the rope with calm and quiet dignity that day.

Buck nyugodt és csendes méltósággal fogadta el a kötelet aznap.

It was an unusual act, but Buck trusted the men he knew.

Szokatlan tett volt, de Buck megbízott az ismerőseiben.

He believed their wisdom went far beyond his own thinking.

Úgy hitte, bölcsességük messze túlmutat az övéin.

But then the rope was handed to the hands of the stranger.

De aztán a kötelet az idegen kezébe adták.

Buck gave a low growl that warned with quiet menace.

Buck halk, fenyegető morgást hallatott.

He was proud and commanding, and meant to show his displeasure.

Büszke és parancsoló volt, és szándékosan kimutatta nemtetszését.

Buck believed his warning would be understood as an order.

Buck úgy gondolta, hogy a figyelmeztetését parancsnak fogják értelmezni.

To his shock, the rope tightened fast around his thick neck.

Legnagyobb meglepetésére a kötél erősen megfeszült vastag nyaka körül.

His air was cut off and he began to fight in a sudden rage.
Elállt a lélegzete, és hirtelen dühében harcolni kezdett.
He sprang at the man, who quickly met Buck in mid-air.
Ráugrott a férfira, aki gyorsan eltalálta Buckot a levegőben.
The man grabbed Buck's throat and skillfully twisted him in the air.
A férfi megragadta Buck torkát, és ügyesen megcsavarta a levegőben.
Buck was thrown down hard, landing flat on his back.
Buckot keményen a földre zuhanták, és hanyatt esett.
The rope now choked him cruelly while he kicked wildly.
A kötél most kegyetlenül fojtogatta, miközben vadul rúgkapált.
His tongue fell out, his chest heaved, but gained no breath.
Kiesett a nyelve, fel-le rándult a mellkasa, de nem kapott levegőt.
He had never been treated with such violence in his life.
Életében nem bántak vele ilyen erőszakkal.
He had also never been filled with such deep fury before.
Soha ezelőtt nem töltött el ilyen mély düh.
But Buck's power faded, and his eyes turned glassy.
De Buck ereje elhalványyult, és tekintete üvegessé vált.
He passed out just as a train was flagged down nearby.
Épp akkor vesztette el az eszméletét, amikor egy vonatot leintettek a közelben.
Then the two men tossed him into the baggage car quickly.
Aztán a két férfi gyorsan bedobta a poggyászkocsiba.
The next thing Buck felt was pain in his swollen tongue.
Buck ezután fájdalmat érzett a feldagadt nyelvében.
He was moving in a shaking cart, only dimly conscious.
Egy remegő kocsiban mozgott, csak homályosan volt eszméleténél.
The sharp scream of a train whistle told Buck his location.
Egy vonatsíp éles sivítása elárulta Bucknak a hollétét.
He had often ridden with the Judge and knew the feeling.
Gyakran lovagolt már a Bíróval, és ismerte az érzést.
It was the unique jolt of traveling in a baggage car again.

Megint az a különleges rázkódtatás volt, hogy egy poggyászkocsiban utaztam.

Buck opened his eyes, and his gaze burned with rage.

Buck kinyitotta a szemét, és tekintete dühtől égett.

This was the anger of a proud king taken from his throne.

Ez egy büszke király haragja volt, akit elmozdítottak trónjáról.

A man reached to grab him, but Buck struck first instead.

Egy férfi nyúlt, hogy megragadja, de Buck csapott le először.

He sank his teeth into the man's hand and held tightly.

A férfi kezébe mélyesztette a fogait, és szorosan megszorította.

He did not let go until he blacked out a second time.

Nem engedte el, míg másodszor is el nem ájult.

"Yep, has fits," the man muttered to the baggageman.

– Aha, rohamai vannak – motyogta a férfi a poggyászkezelőnek.

The baggageman had heard the struggle and come near.

A poggyászos meghallotta a dulakodást, és közelebb jött.

"I'm taking him to 'Frisco for the boss," the man explained.

– Friscóba viszem a főnök miatt – magyarázta a férfi.

"There's a fine dog-doctor there who says he can cure them."

„Van ott egy kiváló kutyadoktor, aki azt mondja, meg tudja gyógyítani őket."

Later that night the man gave his own full account.

Később aznap este a férfi részletesen beszámolt az esetről.

He spoke from a shed behind a saloon on the docks.

Egy kikötői kocsma mögötti fészerből beszélt.

"All I was given was fifty dollars," he complained to the saloon man.

„Csak ötven dollárt kaptam" – panaszkodott a kocsmárosnak.

"I wouldn't do it again, not even for a thousand in cold cash."

„Nem tenném meg újra, még ezerért sem készpénzben."

His right hand was tightly wrapped in a bloody cloth.

Jobb kezét szorosan becsavarta egy véres kendő.

His trouser leg was torn wide open from knee to foot.

A nadrágszára térdtől talpig teljesen szétszakadt.

"How much did the other mug get paid?" asked the saloon man.

„Mennyit fizettek a másik korsónak?" – kérdezte a kocsmáros.

"A hundred," the man replied, "he wouldn't take a cent less."

– Százat – felelte a férfi –, egy centtel sem fogadna el kevesebbet.

"That comes to a hundred and fifty," the saloon man said.

– Ez százötvenet tesz ki – mondta a kocsmáros.

"And he's worth it all, or I'm no better than a blockhead."

„És megéri az egészet, különben én sem leszek jobb egy ostobánál."

The man opened the wrappings to examine his hand.

A férfi kibontotta a csomagolást, hogy megvizsgálja a kezét.

The hand was badly torn and crusted in dried blood.

A kéz csúnyán el volt szakadva és be volt száradva a vérrel.

"If I don't get the hydrophobia..." he began to say.

„Ha nem leszek hidrofóbiás..." – kezdte mondani.

"It'll be because you were born to hang," came a laugh.

– Azért leszel, mert arra születtél, hogy lógj – hallatszott egy nevetés.

"Come help me out before you get going," he was asked.

„Gyere, segíts, mielőtt elindulsz" – kérték fel.

Buck was in a daze from the pain in his tongue and throat.

Buckot teljesen elkábulta a nyelvében és a torkában érzett fájdalom.

He was half-strangled, and could barely stand upright.

Félig megfojtották, és alig tudott lábra állni.

Still, Buck tried to face the men who had hurt him so.

Buck mégis megpróbált szembenézni azokkal az emberekkel, akik annyira megbántották.

But they threw him down and choked him once again.

De azok ismét letaszították és megfojtották.

Only then could they saw off his heavy brass collar.

Csak ezután tudták lefűrészelni a nehéz rézgallért.

They removed the rope and shoved him into a crate.

Elhúzták a kötelet és egy ládába lökték.

The crate was small and shaped like a rough iron cage.
A láda kicsi volt, és egy durva vasketrec alakú.
Buck lay there all night, filled with wrath and wounded pride.
Buck egész éjjel ott feküdt, tele haraggal és sértett büszkeséggel.
He could not begin to understand what was happening to him.
Fel sem foghatta, mi történik vele.
Why were these strange men keeping him in this small crate?
Miért tartották őt ezek a furcsa emberek ebben a kis ládában?
What did they want with him, and why this cruel captivity?
Mit akartak tőle, és miért ez a kegyetlen fogság?
He felt a dark pressure; a sense of disaster drawing closer.
Sötét nyomást érzett; a katasztrófa közeledtének érzése.
It was a vague fear, but it settled heavily on his spirit.
Homályos félelem volt, de erősen nehezedett a lelkére.
Several times he jumped up when the shed door rattled.
Többször is felugrott, amikor a fészer ajtaja zörgött.
He expected the Judge or the boys to appear and rescue him.
Azt várta, hogy a Bíró vagy a fiúk megjelennek és megmentik.
But only the saloon-keeper's fat face peeked inside each time.
De minden alkalommal csak a kocsmáros kövér arca kukucskált be.
The man's face was lit by the dim glow of a tallow candle.
A férfi arcát egy faggyúgyertya halvány fénye világította meg.
Each time, Buck's joyful bark changed to a low, angry growl.
Buck örömteli ugatása minden alkalommal halk, dühös morgásba váltott.

The saloon-keeper left him alone for the night in the crate
A kocsmáros magára hagyta az éjszakára a ládában
But when he awoke in the morning more men were coming.
De amikor reggel felébredt, egyre több férfi jött.

Four men came and gingerly picked up the crate without a word.

Négy férfi jött, és óvatosan, szó nélkül felkapták a ládát.

Buck knew at once the situation he found himself in.

Buck azonnal tudta, milyen helyzetbe került.

They were further tormentors that he had to fight and fear.

További kínzók voltak, akikkel harcolnia és akikkel félnie kellett.

These men looked wicked, ragged, and very badly groomed.

Ezek a férfiak gonosznak, rongyosnak és nagyon rosszul ápoltnak tűntek.

Buck snarled and lunged at them fiercely through the bars.

Buck vicsorgott, és vadul rájuk rontott a rácsokon keresztül.

They just laughed and jabbed at him with long wooden sticks.

Csak nevettek és hosszú fapálcákkal piszkálták.

Buck bit at the sticks, then realized that was what they liked.

Buck beleharapott a botokba, aztán rájött, hogy pont ezt szeretik.

So he lay down quietly, sullen and burning with quiet rage.

Így hát csendben lefeküdt, mogorván és csendes dühtől égve.

They lifted the crate into a wagon and drove away with him.

Felemelték a ládát egy szekérre, és elhajtottak vele.

The crate, with Buck locked inside, changed hands often.

A láda, amiben Buck volt bezárva, gyakran cserélt gazdát.

Express office clerks took charge and handled him briefly.

Az expressz irodai tisztviselők vették át az irányítást, és röviden intézkedtek.

Then another wagon carried Buck across the noisy town.

Aztán egy másik szekér vitte Buckot a zajos városon át.

A truck took him with boxes and parcels onto a ferry boat.

Egy teherautó dobozokkal és csomagokkal együtt vitte fel egy kompra.

After crossing, the truck unloaded him at a rail depot.

Miután átkelt, a teherautó egy vasútállomáson lerakta.

At last, Buck was placed inside a waiting express car.

Vvégre Buckot betették egy várakozó expresszkocsiba.

For two days and nights, trains pulled the express car away.
Két napon és két éjszakán át a vonatok elhúzták a gyorskocsit.

Buck neither ate nor drank during the whole painful journey.
Buck sem evett, sem ivott az egész fáradságos út alatt.

When the express messengers tried to approach him, he growled.
Amikor a gyorshírnökök megpróbáltak közeledni hozzá, morgott.

They responded by mocking him and teasing him cruelly.
Válaszul gúnyolták és kegyetlenül ugratták.

Buck threw himself at the bars, foaming and shaking
Buck a rácsoknak vetette magát, habzott és remegett

they laughed loudly, and taunted him like schoolyard bullies.
Hangosan nevettek, és úgy gúnyolódtak vele, mint az iskolai zaklatók.

They barked like fake dogs and flapped their arms.
Úgy ugattak, mint a műkutyák, és csapkodtak a karjukkal.

They even crowed like roosters just to upset him more.
Még kakasként is kukorékoltak, hogy még jobban felbosszantsák.

It was foolish behavior, and Buck knew it was ridiculous.
Ostoba viselkedés volt, és Buck tudta, hogy nevetséges.

But that only deepened his sense of outrage and shame.
De ez csak elmélyítette benne a felháborodást és a szégyent.

He was not bothered much by hunger during the trip.
Az út során nemigen gyötörte az éhség.

But thirst brought sharp pain and unbearable suffering.
De a szomjúság éles fájdalmat és elviselhetetlen szenvedést okozott.

His dry, inflamed throat and tongue burned with heat.
Száraz, gyulladt torka és nyelve égett a forróságtól.

This pain fed the fever rising within his proud body.
Ez a fájdalom táplálta a büszke testében egyre erősödő lázat.

Buck was thankful for one single thing during this trial.
Buck egyetlen dologért volt hálás a tárgyalás alatt.

The rope had been removed from around his thick neck.

A kötelet lehúzták vastag nyakáról.

The rope had given those men an unfair and cruel advantage.

A kötél tisztességtelen és kegyetlen előnyt biztosított azoknak az embereknek.

Now the rope was gone, and Buck swore it would never return.

Most a kötél eltűnt, és Buck megesküdött, hogy soha többé nem tér vissza.

He resolved no rope would ever go around his neck again.

Elhatározta, hogy soha többé nem tekeredik kötél a nyakába.

For two long days and nights, he suffered without food.

Két hosszú napon és éjszakán át szenvedett étel nélkül.

And in those hours, he built up an enormous rage inside.

És ezekben az órákban hatalmas dühöt halmozott fel magában.

His eyes turned bloodshot and wild from constant anger.

Szeme vérben forgó és vad lett az állandó dühtől.

He was no longer Buck, but a demon with snapping jaws.

Már nem Buck volt, hanem egy csattogó állkapcsú démon.

Even the Judge would not have known this mad creature.

Még a Bíró sem ismerte volna fel ezt az őrült teremtményt.

The express messengers sighed in relief when they reached Seattle

A gyorshírnökök megkönnyebbülten felsóhajtottak, amikor megérkeztek Seattle-be

Four men lifted the crate and brought it to a back yard.

Négy férfi felemelte a ládát, és bevitték a hátsó udvarba.

The yard was small, surrounded by high and solid walls.

Az udvar kicsi volt, magas és masszív falak vették körül.

A big man stepped out in a sagging red sweater shirt.

Egy nagydarab férfi lépett ki egy megereszkedett piros pulóveringben.

He signed the delivery book with a thick and bold hand.

Vastag, merész kézzel írta alá a szállítókönyvet.

Buck sensed at once that this man was his next tormentor.

Buck azonnal megérezte, hogy ez a férfi a következő kínzója.

He lunged violently at the bars, eyes red with fury.

Hevesen a rácsoknak vetette magát, dühtől vörös szemekkel.

The man just smiled darkly and went to fetch a hatchet.

A férfi csak sötéten elmosolyodott, és odament egy baltáért.

He also brought a club in his thick and strong right hand.

Vastag és erős jobb kezében egy botot is hozott.

"You going to take him out now?" the driver asked, concerned.

„Most kiviszed?" – kérdezte a sofőr aggódva.

"Sure," said the man, jamming the hatchet into the crate as a lever.

– Persze – mondta a férfi, és a baltát emelőként a ládába szegezte.

The four men scattered instantly, jumping up onto the yard wall.

A négy férfi azonnal szétszéledt, és felugrottak az udvar falára.

From their safe spots above, they waited to watch the spectacle.

Biztonságos helyeikről, fentről várták, hogy szemtanúi lehessenek a látványosságnak.

Buck lunged at the splintered wood, biting and shaking fiercely.

Buck a szilánkos fára vetette magát, vadul harapdálva és remegve.

Each time the hatchet hit the cage), Buck was there to attack it.

Valahányszor a baltával eltalálták a ketrecet, Buck ott volt, hogy megtámadja.

He growled and snapped with wild rage, eager to be set free.

Vad dühvel morgott és csattant, alig várta, hogy szabadulhasson.

The man outside was calm and steady, intent on his task.

A kint álló férfi nyugodt és kiegyensúlyozott volt, elszántan végezte a feladatát.

"Right then, you red-eyed devil," he said when the hole was large.
– Akkor hát, te vörös szemű ördög – mondta, amikor a lyuk már nagyra nyílt.

He dropped the hatchet and took the club in his right hand.
Eldobta a baltát, és jobb kezébe vette a botot.

Buck truly looked like a devil; eyes bloodshot and blazing.
Buck tényleg úgy nézett ki, mint egy ördög; vérben forgó, lángoló szemei voltak.

His coat bristled, foam frothed at his mouth, eyes glinting.
Felborzolta a bundáját, hab gomolygott a szája körül, szeme csillogott.

He bunched his muscles and sprang straight at the red sweater.
Megfeszítette izmait, és egyenesen a piros pulóverre vetette magát.

One hundred and forty pounds of fury flew at the calm man.
Száznegyven fontnyi düh csapott a nyugodt férfira.

Just before his jaws clamped shut, a terrible blow struck him.
Mielőtt még összeszorult volna az állkapcsa, szörnyű ütés érte.

His teeth snapped together on nothing but air
Fogai összecsattantak, semmi mást nem látott, csak a levegőt.

a jolt of pain reverberated through his body
fájdalomlökés visszhangzott végig a testén

He flipped midair and crashed down on his back and side.
A levegőben megpördült, és a hátára, illetve az oldalára zuhant.

He had never before felt a club's blow and could not grasp it.
Még soha nem érzett botütést, és nem tudta felfogni.

With a shrieking snarl, part bark, part scream, he leaped again.
Egy sikító vicsorgással, részben ugatással, részben sikolysal ismét ugrott.

Another brutal strike hit him and hurled him to the ground.

Egy újabb brutális ütés érte, és a földre repítette.

This time Buck understood — it was the man's heavy club.

Buck ezúttal megértette – a férfi nehéz bunkója volt az.

But rage blinded him, and he had no thought of retreat.

De a düh elvakította, és esze ágában sem volt visszavonulni.

Twelve times he launched himself, and twelve times he fell.

Tizenkétszer vetette magát előre, és tizenkétszer esett el.

The wooden club smashed him each time with ruthless, crushing force.

A fabáb minden alkalommal könyörtelen, zúzó erővel csapott le rá.

After one fierce blow, he staggered to his feet, dazed and slow.

Egyetlen heves ütés után kábultan és lassan talpra állt.

Blood ran from his mouth, his nose, and even his ears.

Vér folyt a szájából, az orrából, sőt még a füléből is.

His once-beautiful coat was smeared with bloody foam.

Egykor gyönyörű kabátját véres hab maszatosa volt.

Then the man stepped up and struck a wicked blow to the nose.

Aztán a férfi odalépett, és egy gonosz ütést mért az orrára.

The agony was sharper than anything Buck had ever felt.

A fájdalom élesebb volt, mint amit Buck valaha is érzett.

With a roar more beast than dog, he leaped again to attack.

Egy vadállatiasabb üvöltéssel, mint kutyaszerűséggel, ismét támadásra ugrott.

But the man caught his lower jaw and twisted it backward.

De a férfi megragadta az alsó állkapcsát, és hátracsavarta.

Buck flipped head over heels, crashing down hard again.

Buck fejjel előre fordult, és ismét keményen a földre zuhant.

One final time, Buck charged at him, now barely able to stand.

Buck még utoljára rárontott, alig bírva megállni a lábán.

The man struck with expert timing, delivering the final blow.

A férfi szakértő időzítéssel csapott le, megadva az utolsó ütést.

Buck collapsed in a heap, unconscious and unmoving.

Buck mozdulatlanul, eszméletlenül rogyott össze.

"He's no slouch at dog-breaking, that's what I say," a man yelled.

„Nem hanyagolja a kutyabetörést, ezt mondom én is!" – kiáltotta egy férfi.

"Druther can break the will of a hound any day of the week."

„Druther a hét bármely napján képes megtörni egy kutya akaratát."

"And twice on a Sunday!" added the driver.

„És kétszer egy vasárnap!" – tette hozzá a sofőr.

He climbed into the wagon and cracked the reins to leave.

Felmászott a szekérre, és megrántotta a gyeplőt, hogy elinduljon.

Buck slowly regained control of his consciousness

Buck lassan visszanyerte az öntudatát.

but his body was still too weak and broken to move.

de a teste még túl gyenge és törött volt a mozgáshoz.

He lay where he had fallen, watching the red-sweatered man.

Ott feküdt, ahol elesett, és a vörös pulóveres férfit figyelte.

"He answers to the name of Buck," the man said, reading aloud.

– Buck nevére hallgat – mondta a férfi, miközben hangosan olvasott.

He quoted from the note sent with Buck's crate and details.

Idézett a Buck ládájával és a részletekkel küldött üzenetből.

"Well, Buck, my boy," the man continued with a friendly tone,

– Nos hát, Buck, fiam – folytatta a férfi barátságos hangon –,

"we've had our little fight, and now it's over between us."

„Levettünk egy kis veszekedést, és most vége van közöttünk."

"You've learned your place, and I've learned mine," he added.

„Megtanultad a helyed, és én is a sajátomat" – tette hozzá.

"Be good, and all will go well, and life will be pleasant."

„Légy jó, és minden jól fog menni, és az élet kellemes lesz."

"But be bad, and I'll beat the stuffing out of you, understand?"

„De ha rossz vagy, akkor agyonverlek, érted?"

As he spoke, he reached out and patted Buck's sore head.

Miközben beszélt, kinyújtotta a kezét, és megsimogatta Buck fájó fejét.

Buck's hair rose at the man's touch, but he didn't resist.

Buck haja felállt a férfi érintésére, de nem ellenkezett.

The man brought him water, which Buck drank in great gulps.

A férfi vizet hozott neki, amit Buck nagy kortyokban ivott meg.

Then came raw meat, which Buck devoured chunk by chunk.

Aztán jött a nyers hús, amit Buck darabonként felfalt.

He knew he was beaten, but he also knew he wasn't broken.

Tudta, hogy megverték, de azt is tudta, hogy nincs megtörve.

He had no chance against a man armed with a club.

Esélye sem volt egy bunkóval felfegyverzett férfival szemben.

He had learned the truth, and he never forgot that lesson.

Megtanulta az igazságot, és soha nem felejtette el ezt a leckét.

That weapon was the beginning of law in Buck's new world.

Ez a fegyver jelentette a jog kezdetét Buck új világában.

It was the start of a harsh, primitive order he could not deny.

Ez egy kemény, primitív rend kezdete volt, amelyet nem tagadhatott.

He accepted the truth; his wild instincts were now awake.

Elfogadta az igazságot; vad ösztönei most már felébredtek.

The world had grown harsher, but Buck faced it bravely.

A világ egyre keményebbé vált, de Buck bátran szembenézett vele.

He met life with new caution, cunning, and quiet strength.

Új óvatossággal, ravaszsággal és csendes erővel fogadta az életet.

More dogs arrived, tied in ropes or crates like Buck had been.

Több kutya is érkezett, kötelekhez vagy ládákhoz kötözve, mint Buck.

Some dogs came calmly, others raged and fought like wild beasts.

Néhány kutya nyugodtan jött, mások dühöngtek és vadállatok módjára verekedtek.

All of them were brought under the rule of the red-sweatered man.

Mindannyiukat a vörös pulóveres férfi uralma alá vonták.

Each time, Buck watched and saw the same lesson unfold.

Buck minden alkalommal ugyanazt a tanulságot látta kibontakozni.

The man with the club was law; a master to be obeyed.

A bottal járó férfi maga volt a törvény; egy úr, akinek engedelmeskedni kellett.

He did not need to be liked, but he had to be obeyed.

Nem kellett kedvelni, de engedelmeskedni kellett neki.

Buck never fawned or wagged like the weaker dogs did.

Buck soha nem hízelgett vagy csóválta a kezét, mint a gyengébb kutyák.

He saw dogs that were beaten and still licked the man's hand.

Látott megvert kutyákat, amelyek mégis nyalogatták a férfi kezét.

He saw one dog who would not obey or submit at all.

Látott egy kutyát, amely egyáltalán nem engedelmeskedett, és egyáltalán nem volt hajlandó meghajolni.

That dog fought until he was killed in the battle for control.

A kutya addig küzdött, amíg el nem pusztult az irányításért folytatott csatában.

Strangers would sometimes come to see the red-sweatered man.

Idegenek néha meglátogatták a vörös pulóveres férfit.

They spoke in strange tones, pleading, bargaining, and laughing.

Furcsa hangon beszéltek, könyörögtek, alkudoztak és nevetgéltek.

When money was exchanged, they left with one or more dogs.

Amikor pénzt váltottak, egy vagy több kutyával távoztak.

Buck wondered where these dogs went, for none ever returned.

Buck azon tűnődött, hová tűntek ezek a kutyák, mert soha egy sem tért vissza.

fear of the unknown filled Buck every time a strange man came

Az ismeretlentől való félelem töltötte el Buckot minden alkalommal, amikor egy idegen férfi jött

he was glad each time another dog was taken, rather than himself.

Minden alkalommal örült, amikor egy másik kutyát vittek el, nem pedig őt.

But finally, Buck's turn came with the arrival of a strange man.

De végül Buckra került a sor egy különös férfi érkezésével.

He was small, wiry, and spoke in broken English and curses.

Alacsony volt, inas, törött angolsággal és káromkodásokkal beszélt.

"Sacredam!" he yelled when he laid eyes on Buck's frame.

„Szent isten!" – kiáltotta, amikor meglátta Buck alakját.

"That's one damn bully dog! Eh? How much?" he asked aloud.

„Ez aztán egy átkozott zsarnokkutya! Hű? Mennyibe kerül?" – kérdezte hangosan.

"Three hundred, and he's a present at that price,"

„Háromszáz, és ennyiért igazi ajándék."

"Since it's government money, you shouldn't complain, Perrault."

„Mivel állami pénzről van szó, nem kell panaszkodnod, Perrault."

Perrault grinned at the deal he had just made with the man.

Perrault elvigyorodott az egyezségen, amit az előbb kötött a férfival.

The price of dogs had soared due to the sudden demand.

A kutyák ára a hirtelen megnövekedett kereslet miatt az egekbe szökött.

Three hundred dollars wasn't unfair for such a fine beast.

Háromszáz dollár nem volt igazságtalan egy ilyen jószágért.

The Canadian Government would not lose anything in the deal

A kanadai kormány semmit sem veszítene a megállapodással

Nor would their official dispatches be delayed in transit.

A hivatalos küldeményeiket sem késlekednék az út során.

Perrault knew dogs well, and could see Buck was something rare.

Perrault jól ismerte a kutyákat, és látta rajta, hogy Buck valami különleges.

"One in ten ten-thousand," he thought, as he studied Buck's build.

„Tízből egy, tízezerhez egy" – gondolta, miközben Buck testalkatát vizsgálgatta.

Buck saw the money change hands, but showed no surprise.

Buck látta, hogy a pénz gazdát cserél, de nem mutatott meglepetést.

Soon he and Curly, a gentle Newfoundland, were led away.

Hamarosan elvezették őt és Göndört, a szelíd újfundlandit.

They followed the little man from the red sweater's yard.

Követték a kis embert a piros pulóveres udvaráról.

That was the last Buck ever saw of the man with the wooden club.

Buck utoljára látta a fabotos férfit.

From the Narwhal's deck he watched Seattle fade into the distance.

A Narvál fedélzetéről nézte, ahogy Seattle a távolba vesz.

It was also the last time he ever saw the warm Southland.

Ez volt az utolsó alkalom is, hogy a meleg Délvidéket látta.

Perrault took them below deck, and left them with François.

Perrault levitte őket a fedélzet alá, és François-nál hagyta.

François was a black-faced giant with rough, calloused hands.

François egy fekete arcú óriás volt, durva, kérges kezekkel.

He was dark and swarthy; a half-breed French-Canadian.

Sötét bőrű és barna bőrű volt; egy félvér francia-kanadai.

To Buck, these men were of a kind he had never seen before.

Buck számára ezek az emberek olyanok voltak, amilyeneket még soha nem látott.

He would come to know many such men in the days ahead.

Sok ilyen emberrel fog megismerkedni az elkövetkező napokban.

He did not grow fond of them, but he came to respect them.

Nem szerette meg őket, de tisztelni kezdte őket.

They were fair and wise, and not easily fooled by any dog.

Szépek és bölcsek voltak, és egyetlen kutya sem könnyen becsaphatta őket.

They judged dogs calmly, and punished only when deserved.

Nyugodtan ítélték meg a kutyákat, és csak akkor büntették meg őket, ha megérdemelték.

In the Narwhal's lower deck, Buck and Curly met two dogs.

A Narvál alsó fedélzetén Buck és Göndör két kutyával találkoztak.

One was a large white dog from far-off, icy Spitzbergen.

Az egyik egy nagy fehér kutya volt a távoli, jeges Spitzbergákról.

He'd once sailed with a whaler and joined a survey group.

Egyszer vitorlázott egy bálnavadászhajóval, és csatlakozott egy felderítő csoporthoz.

He was friendly in a sly, underhanded and crafty fashion.

Sunyi, alattomos és ravasz módon barátságos volt.

At their first meal, he stole a piece of meat from Buck's pan.

Az első étkezésükkor ellopott egy darab húst Buck serpenyőjéből.

Buck jumped to punish him, but François's whip struck first.

Buck felugrott, hogy megbüntesse, de François ostora lecsapott előbb.

The white thief yelped, and Buck reclaimed the stolen bone.

A fehér tolvaj felkiáltott, Buck pedig visszaszerezte az ellopott csontot.

That fairness impressed Buck, and François earned his respect.

Ez a pártatlanság lenyűgözte Buckot, és François kiérdemelte a tiszteletét.

The other dog gave no greeting, and wanted none in return.

A másik kutya nem köszöntötte, és viszonzást sem várt.

He didn't steal food, nor sniff at the new arrivals with interest.

Nem lopott ételt, és nem szaglászott érdeklődéssel az újonnan érkezők után.

This dog was grim and quiet, gloomy and slow-moving.

Ez a kutya komor és csendes, komor és lassú mozgású volt.

He warned Curly to stay away by simply glaring at her.

Egyszerűen csak dühösen meredt rá, és figyelmeztette Göndört, hogy maradjon távol.

His message was clear; leave me alone or there'll be trouble.

Az üzenete világos volt: hagyj békén, különben baj lesz.

He was called Dave, and he barely noticed his surroundings.

Dave-nek hívták, és alig vette észre a környezetét.

He slept often, ate quietly, and yawned now and again.

Gyakran aludt, csendben evett, és időnként ásított is.

The ship hummed constantly with the beating propeller below.

A hajó folyamatosan zümmögött, miközben lent dübörgött a légcsavar.

Days passed with little change, but the weather got colder.

A napok változatlanul teltek, de az idő egyre hidegebb lett.

Buck could feel it in his bones, and noticed the others did too.

Buck a csontjaiban érezte, és észrevette, hogy a többiek is.

Then one morning, the propeller stopped and all was still.

Aztán egy reggel megállt a légcsavar, és minden elcsendesedett.

An energy swept through the ship; something had changed.

Energia söpört végig a hajón; valami megváltozott.

François came down, clipped them on leashes, and brought them up.

François lejött, pórázt kötött rájuk, és felhozta őket.

Buck stepped out and found the ground soft, white, and cold.

Buck kilépett, és a talajt puhának, fehérnek és hidegnek találta.

He jumped back in alarm and snorted in total confusion.

Riadtan hátraugrott, és teljes zavarodottságában felhorkant.

Strange white stuff was falling from the gray sky.

Furcsa fehér anyag hullott a szürke égből.

He shook himself, but the white flakes kept landing on him.

Megrázta magát, de a fehér pelyhek továbbra is ráhullottak.

He sniffed the white stuff carefully and licked at a few icy bits.

Óvatosan megszagolta a fehér cuccot, és lenyalogatott néhány jeges darabkát.

The powder burned like fire, then vanished right off his tongue.

A por tűzként égett, majd eltűnt a nyelvéről.

Buck tried again, puzzled by the odd vanishing coldness.

Buck újra próbálkozott, zavarba ejtve a furcsa, eltűnő hidegségtől.

The men around him laughed, and Buck felt embarrassed.

A körülötte álló férfiak nevettek, Buck pedig zavarba jött.

He didn't know why, but he was ashamed of his reaction.

Nem tudta, miért, de szégyellte a reakcióját.

It was his first experience with snow, and it confused him.

Ez volt az első találkozása a hóval, és ez összezavarta.

The Law of Club and Fang
A buzogány és agyar törvénye

Buck's first day on the Dyea beach felt like a terrible nightmare.
Buck első napja a Dyea strandon egy szörnyű rémálomnak tűnt.

Each hour brought new shocks and unexpected changes for Buck.
Minden óra új megrázkódtatásokat és váratlan változásokat hozott Buck számára.

He had been pulled from civilization and thrown into wild chaos.
Kiragadták a civilizációból, és vad káoszba taszították.

This was no sunny, lazy life with boredom and rest.
Ez nem egy napsütéses, lustálkodós élet volt unalommal és pihenéssel.

There was no peace, no rest, and no moment without danger.
Nem volt béke, nem volt pihenés, és nem volt pillanat sem veszélytelenül.

Confusion ruled everything, and danger was always close.
Zűrzavar uralkodott mindenen, és a veszély mindig közel leselkedett.

Buck had to stay alert because these men and dogs were different.
Bucknak ébernek kellett maradnia, mert ezek a férfiak és kutyák mások voltak.

They were not from towns; they were wild and without mercy.
Nem városiak voltak; vadak és könyörtelenek voltak.

These men and dogs only knew the law of club and fang.
Ezek a férfiak és kutyák csak a bunkó és az agyar törvényét ismerték.

Buck had never seen dogs fight like these savage huskies.
Buck még soha nem látott kutyákat így verekedni, mint ezeket a vad huskykat.

His first experience taught him a lesson he would never forget.

Az első élménye egy olyan leckét adott neki, amit soha nem fog elfelejteni.

He was lucky it was not him, or he would have died too.

Szerencséje volt, hogy nem ő volt, különben ő is meghalt volna.

Curly was the one who suffered while Buck watched and learned.

Göndör szenvedett, míg Buck figyelte és tanult.

They had made camp near a store built from logs.

Egy rönkökből épült bolt közelében vertek tábort.

Curly tried to be friendly to a large, wolf-like husky.

Göndör megpróbált barátságos lenni egy nagy, farkasszerű huskyval.

The husky was smaller than Curly, but looked wild and mean.

A husky kisebb volt, mint Göndör, de vadnak és gonosznak tűnt.

Without warning, he jumped and slashed her face open.

Figyelmeztetés nélkül felugrott, és felhasította az arcát.

His teeth cut from her eye down to her jaw in one move.

Fogai egyetlen mozdulattal vágtak le a szemétől az állkapcsáig.

This was how wolves fought—hit fast and jump away.

Így harcoltak a farkasok – gyorsan csaptak és elugrottak.

But there was more to learn than from that one attack.

De többet lehetett tanulni ebből az egyetlen támadásból.

Dozens of huskies rushed in and made a silent circle.

Több tucat husky rohant be, és néma kört alkottak.

They watched closely and licked their lips with hunger.

Figyelmesen nézték, és éhesen nyalogatták az ajkukat.

Buck didn't understand their silence or their eager eyes.

Buck nem értette a hallgatásukat vagy a kíváncsi tekintetüket.

Curly rushed to attack the husky a second time.

Göndör másodszor is a husky megtámadására rohant.

He used his chest to knock her over with a strong move.

Egy erős mozdulattal a mellkasával lökte fel.

She fell on her side and could not get back up.

Az oldalára esett, és nem tudott felkelni.

That was what the others had been waiting for all along.

Erre vártak a többiek egész végig.

The huskies jumped on her, yelping and snarling in a frenzy.

A huskyk ráugrottak, őrjöngve ugattak és vicsorogtak.

She screamed as they buried her under a pile of dogs.

Felsikoltott, miközben egy kutyakupac alá temették.

The attack was so fast that Buck froze in place with shock.

A támadás olyan gyors volt, hogy Buck a döbbenettől megdermedt.

He saw Spitz stick out his tongue in a way that looked like a laugh.

Látta, hogy Spitz kinyújtja a nyelvét, ami úgy hangzott, mintha nevetne.

François grabbed an axe and ran straight into the group of dogs.

François megragadott egy fejszét, és egyenesen a kutyák csoportjába rohant.

Three other men used clubs to help beat the huskies away.

Három másik férfi botokkal verte el a huskykat.

In just two minutes, the fight was over and the dogs were gone.

Alig két perc múlva vége volt a harcnak, és a kutyák eltűntek.

Curly lay dead in the red, trampled snow, her body torn apart.

Göndör holtan feküdt a vörös, letaposott hóban, teste szétszaggatva.

A dark-skinned man stood over her, cursing the brutal scene.

Egy sötét bőrű férfi állt fölötte, és átkozta a brutális jelenetet.

The memory stayed with Buck and haunted his dreams at night.

Az emlék Buckban maradt, és álmaiban kísértette éjszaka.

That was the way here; no fairness, no second chance.

Ez volt itt a helyzet: nincs igazságosság, nincs második esély.

Once a dog fell, the others would kill without mercy.

Ha egy kutya elesett, a többi könyörtelenül ölte.

Buck decided then that he would never allow himself to fall.

Buck ekkor eldöntötte, hogy soha többé nem engedi meg magának, hogy elessen.

Spitz stuck out his tongue again and laughed at the blood.

Spitz ismét kinyújtotta a nyelvét, és nevetett a véren.

From that moment on, Buck hated Spitz with all his heart.

Attól a pillanattól kezdve Buck teljes szívéből gyűlölte Spitzet.

Before Buck could recover from Curly's death, something new happened.

Mielőtt Buck magához térhetett volna Göndör halálából, valami új történt.

François came over and strapped something around Buck's body.

François odajött, és valamit Buck köré tekert.

It was a harness like the ones used on horses at the ranch.

Olyan hám volt, amilyet a tanyán a lovakon használnak.

As Buck had seen horses work, now he was made to work too.

Ahogy Buck látta a lovakat dolgozni, most neki is dolgoznia kellett.

He had to pull François on a sled into the forest nearby.

Szánkón kellett húznia François-t a közeli erdőbe.

Then he had to pull back a load of heavy firewood.

Aztán vissza kellett húznia egy rakomány nehéz tűzifát.

Buck was proud, so it hurt him to be treated like a work animal.

Buck büszke volt, ezért fájt neki, hogy úgy bántak vele, mint egy munkásállattal.

But he was wise and didn't try to fight the new situation.

De bölcs volt, és nem próbált megküzdeni az új helyzettel.

He accepted his new life and gave his best in every task.

Elfogadta az új életet, és minden feladatban a legjobb tudása szerint dolgozott.

Everything about the work was strange and unfamiliar to him.

A munkában minden furcsa és ismeretlen volt számára.

François was strict and demanded obedience without delay.

François szigorú volt, és késedelem nélkül engedelmességet követelt.

His whip made sure that every command was followed at once.

Ostorával gondoskodott arról, hogy minden parancsot azonnal végrehajtsanak.

Dave was the wheeler, the dog nearest the sled behind Buck.

Dave volt a kerekes kutya, a kutya állt legközelebb a szánhoz Buck mögött.

Dave bit Buck on the back legs if he made a mistake.

Dave megharapta Buck hátsó lábait, ha hibázott.

Spitz was the lead dog, skilled and experienced in the role.

Spitz volt a vezető kutya, képzett és tapasztalt volt a szerepben.

Spitz could not reach Buck easily, but still corrected him.

Spitz nem tudta könnyen elérni Buckot, de azért kijavította.

He growled harshly or pulled the sled in ways that taught Buck.

Keményen morgott, vagy olyan módon húzta a szánt, ami Buckot is tanította.

Under this training, Buck learned faster than any of them expected.

A képzés során Buck gyorsabban tanult, mint bármelyikük várta.

He worked hard and learned from both François and the other dogs.

Keményen dolgozott, és tanult mind François-tól, mind a többi kutyától.

By the time they returned, Buck already knew the key commands.

Mire visszatértek, Buck már tudta a legfontosabb parancsokat.

He learned to stop at the sound of "ho" from François.

François-tól tanulta meg, hogy a „ho" hangjára megálljon.

He learned when he had to pull the sled and run.

Megtanulta, mikor kellett húznia a szánt és futnia.

He learned to turn wide at bends in the trail without trouble.

Megtanulta, hogy gond nélkül szélesre kanyarodjon az ösvény kanyarulataiban.

He also learned to avoid Dave when the sled went downhill fast.

Azt is megtanulta, hogy kerülje el Davet, amikor a szán gyorsan gurult lefelé.

"They're very good dogs," François proudly told Perrault.

„Nagyon jó kutyák" – mondta François büszkén Perrault-nak.

"That Buck pulls like hell—I teach him quick as anything."

„Ez a Buck iszonyatosan jól húz – én gyorsan megtanítom."

Later that day, Perrault came back with two more husky dogs.

Később aznap Perrault még két husky kutyával tért vissza.

Their names were Billee and Joe, and they were brothers.

Billee és Joe volt a nevük, és testvérek voltak.

They came from the same mother, but were not alike at all.

Ugyanattól az anyától származtak, de egyáltalán nem voltak hasonlóak.

Billee was sweet-natured and too friendly with everyone.

Billee kedves természetű és túlságosan barátságos volt mindenkivel.

Joe was the opposite—quiet, angry, and always snarling.

Joe az ellentéte volt – csendes, dühös és mindig vicsorgó.

Buck greeted them in a friendly way and was calm with both.

Buck barátságosan üdvözölte őket, és nyugodt volt mindkettőjükkel.

Dave paid no attention to them and stayed silent as usual.

Dave nem figyelt rájuk, és szokásához híven csendben maradt.

Spitz attacked first Billee, then Joe, to show his dominance.

Spitz először Billee-t, majd Joe-t támadta meg, hogy megmutassa dominanciáját.

Billee wagged his tail and tried to be friendly to Spitz.

Billee csóválta a farkát, és megpróbált barátságos lenni Spitzhez.

When that didn't work, he tried to run away instead.

Amikor ez nem sikerült, inkább megpróbált elmenekülni.

He cried sadly when Spitz bit him hard on the side.

Szomorúan sírt, amikor Spitz erősen megharapta az oldalát.

But Joe was very different and refused to be bullied.

De Joe egészen más volt, és nem hagyta magát zaklatni.

Every time Spitz came near, Joe spun to face him fast.

Valahányszor Spitz a közelébe ért, Joe gyorsan megfordult, hogy szembenézzen vele.

His fur bristled, his lips curled, and his teeth snapped wildly.

Felborzolta a bundáját, felkunkorodott az ajka, és vadul csattogtak a fogai.

Joe's eyes gleamed with fear and rage, daring Spitz to strike.

Joe szeme félelemtől és dühtől csillogott, ahogy Spitzet lecsapásra sürgette.

Spitz gave up the fight and turned away, humiliated and angry.

Spitz feladta a harcot, és megalázva, dühösen elfordult.

He took out his frustration on poor Billee and chased him away.

Szegény Billee-n vezette le a dühét, és elkergette.

That evening, Perrault added one more dog to the team.

Azon az estén Perrault még egy kutyával bővítette a csapatot.

This dog was old, lean, and covered in battle scars.

Ez a kutya öreg, sovány volt, és harci sebek borították.

One of his eyes was missing, but the other flashed with power.

Az egyik szeme hiányzott, de a másik erőtől csillogott.

The new dog's name was Solleks, which meant the Angry One.

Az új kutya neve Solleks volt, ami a Mérges Embert jelentette.

Like Dave, Solleks asked nothing from others, and gave nothing back.

Dave-hez hasonlóan Solleks sem kért semmit másoktól, és semmit sem adott cserébe.

When Solleks walked slowly into camp, even Spitz stayed away.

Amikor Solleks lassan bevonult a táborba, még Spitz is távol maradt.

He had a strange habit that Buck was unlucky to discover.

Volt egy furcsa szokása, amit Buck balszerencséjére felfedezett.

Solleks hated being approached on the side where he was blind.

Solleks utálta, ha arról az oldalról közelítették meg, ahol vak volt.

Buck did not know this and made that mistake by accident.

Buck ezt nem tudta, és véletlenül követte el ezt a hibát.

Solleks spun around and slashed Buck's shoulder deep and fast.

Solleks megpördült, és mélyen, gyorsan megvágta Buck vállát.

From that moment on, Buck never came near Solleks' blind side.

Attól a pillanattól kezdve Buck soha többé nem került Solleks szem elől.

They never had trouble again for the rest of their time together.

Az együtt töltött idejük hátralévő részében soha többé nem volt bajuk.

Solleks wanted only to be left alone, like quiet Dave.

Solleks csak arra vágyott, hogy békén hagyják, mint a csendes Dave.

But Buck would later learn they each had another secret goal.

De Buck később megtudta, hogy mindkettőjüknek volt egy másik titkos célja is.

That night Buck faced a new and troubling challenge—how to sleep.

Azon az éjszakán Buck egy új és nyugtalanító kihívással nézett szembe – hogyan aludjon el.

The tent glowed warmly with candlelight in the snowy field.

A sátor melegen világított a gyertyafényben a havas mezőn.

Buck walked inside, thinking he could rest there like before.

Buck belépett, és arra gondolt, hogy ott is ugyanúgy kipihenheti magát, mint azelőtt.

But Perrault and François yelled at him and threw pans.

De Perrault és François ráordítottak és serpenyőket dobáltak.

Shocked and confused, Buck ran out into the freezing cold.

Buck megdöbbenve és zavartan kirohant a dermesztő hidegbe.

A bitter wind stung his wounded shoulder and froze his paws.

Keserű szél csípte sebesült vállát és megdermedtették a mancsait.

He lay down in the snow and tried to sleep out in the open.

Lefeküdt a hóba, és megpróbált kint aludni a szabadban.

But the cold soon forced him to get back up, shaking badly.

De a hideg hamarosan arra kényszerítette, hogy felkeljen, és erősen remegett.

He wandered through the camp, trying to find a warmer spot.

Átbotorkált a táboron, melegebb helyet keresve.

But every corner was just as cold as the one before.

De minden sarok ugyanolyan hideg volt, mint az előző.

Sometimes savage dogs jumped at him from the darkness.

Néha vad kutyák ugrottak rá a sötétségből.

Buck bristled his fur, bared his teeth, and snarled with warning.

Buck felborzolta a bundáját, kivillantotta a fogát, és figyelmeztetően vicsorgott.

He was learning fast, and the other dogs backed off quickly.

Gyorsan tanult, a többi kutya pedig gyorsan hátrált.

Still, he had no place to sleep, and no idea what to do.

Mégis, nem volt hol aludnia, és fogalma sem volt, mitévő legyen.

At last, a thought came to him—check on his team-mates.

Végre eszébe jutott egy gondolat – megnézni, hogy vannak-e a csapattársai.

He returned to their area and was surprised to find them gone.

Visszatért a környékükre, és meglepődve látta, hogy eltűntek.

Again he searched the camp, but still could not find them.

Újra átkutatta a tábort, de még mindig nem találta őket.

He knew they could not be in the tent, or he would be too.

Tudta, hogy nem lehetnek a sátorban, különben ő is ott lenne.

So where had all the dogs gone in this frozen camp?

Hová tűntek a kutyák ebben a fagyos táborban?

Buck, cold and miserable, slowly circled around the tent.

Buck, fázva és nyomorultan, lassan körözött a sátor körül.

Suddenly, his front legs sank into soft snow and startled him.

Hirtelen mellső lábai a puha hóba süllyedtek, és megijesztették.

Something wriggled under his feet, and he jumped back in fear.

Valami megmozdult a lába alatt, és ijedtében hátraugrott.

He growled and snarled, not knowing what lay beneath the snow.

Morgott és vicsorgott, fogalma sem volt, mi rejlik a hó alatt.

Then he heard a friendly little bark that eased his fear.

Aztán egy barátságos kis ugatást hallott, ami enyhítette a félelmét.

He sniffed the air and came closer to see what was hidden.

Beleszimatolt a levegőbe, és közelebb jött, hogy lássa, mi rejtőzik.

Under the snow, curled into a warm ball, was little Billee.

A hó alatt, meleg gombóccá összegömbölyödve feküdt a kis Billee.

Billee wagged his tail and licked Buck's face to greet him.

Billee farkcsóválva megnyalta Buck arcát, hogy üdvözölje.

Buck saw how Billee had made a sleeping place in the snow.

Buck látta, hogyan készített Billee magának alvóhelyet a hóban.

He had dug down and used his own heat to stay warm.

Leásta magát, és a saját hőjét használta fel melegen.

Buck had learned another lesson—this was how the dogs slept.

Buck egy újabb leckét tanult meg – így aludtak a kutyák.

He picked a spot and started digging his own hole in the snow.

Kiválasztott egy helyet, és elkezdte ásni a saját gödrét a hóban.

At first, he moved around too much and wasted energy.

Először túl sokat mozgott, és ezzel energiát pazarolt.

But soon his body warmed the space, and he felt safe.

De hamarosan a teste felmelegítette a teret, és biztonságban érezte magát.

He curled up tightly, and before long he was fast asleep.

Szorosan összegömbölyödött, és nemsokára mélyen elaludt.

The day had been long and hard, and Buck was exhausted.

Hosszú és nehéz nap volt, Buck pedig kimerült.

He slept deeply and comfortably, though his dreams were wild.

Mélyen és kényelmesen aludt, bár álmai vadul teltek voltak.

He growled and barked in his sleep, twisting as he dreamed.

Morgott és ugatott álmában, fészkelődve álmodás közben.

Buck didn't wake up until the camp was already coming to life.

Buck csak akkor ébredt fel, amikor a tábor már életre kelt.

At first, he didn't know where he was or what had happened.

Először azt sem tudta, hol van, vagy mi történt.

Snow had fallen overnight and completely buried his body.

Az éjszaka folyamán hó esett, és teljesen eltemette a testét.

The snow pressed in around him, tight on all sides.

A hó minden oldalról szorosan körülvette.

Suddenly a wave of fear rushed through Buck's entire body.

Hirtelen félelemhullám söpört végig Buck egész testén.

It was the fear of being trapped, a fear from deep instincts.

A csapdába eséstől való félelem volt, mélyen gyökerező ösztönökből fakadó félelem.

Though he had never seen a trap, the fear lived inside him.

Bár még soha nem látott csapdát, a félelem benne élt.

He was a tame dog, but now his old wild instincts were waking.

Szelíd kutya volt, de most régi, vad ösztönei kezdtek felébredni.

Buck's muscles tensed, and his fur stood up all over his back.

Buck izmai megfeszültek, és a hátán felállt a szőre.

He snarled fiercely and sprang straight up through the snow.

Vadul felvicsorgott, és egyenesen felugrott a hóba.

Snow flew in every direction as he burst into the daylight.

Hó repült minden irányba, ahogy kitört a napfényre.

Even before landing, Buck saw the camp spread out before him.

Még a partraszállás előtt Buck látta maga előtt a szétterülő tábort.

He remembered everything from the day before, all at once.

Egyszerre mindenre emlékezett az előző napról.

He remembered strolling with Manuel and ending up in this place.

Emlékezett rá, ahogy Manuellel sétáltunk, és végül itt kötöttünk ki.

He remembered digging the hole and falling asleep in the cold.

Emlékezett rá, hogy megásta a gödröt, és elaludt a hidegben.

Now he was awake, and the wild world around him was clear.

Most már ébren volt, és a körülötte lévő vad világ tiszta volt.

A shout from François hailed Buck's sudden appearance.

François kiáltása üdvözölte Buck hirtelen megjelenését.

"What did I say?" the dog-driver cried loudly to Perrault.

– Mit mondtam? – kiáltotta hangosan Perrault-nak a kutyahajcsár.

"That Buck for sure learns quick as anything," François added.

„Az a Buck tényleg gyorsan tanul, mint bármi más" – tette hozzá François.

Perrault nodded gravely, clearly pleased with the result.

Perrault komolyan bólintott, láthatóan elégedett volt az eredménnyel.

As a courier for the Canadian Government, he carried dispatches.

A kanadai kormány futárjaként küldeményeket kézbesített.

He was eager to find the best dogs for his important mission.

Alig várta, hogy megtalálja a legjobb kutyákat fontos küldetéséhez.

He felt especially pleased now that Buck was part of the team.

Különösen örült most, hogy Buck a csapat tagja lett.

Three more huskies were added to the team within an hour.

Egy órán belül további három husky került a csapatba.

That brought the total number of dogs on the team to nine.

Ezzel a csapatban lévő kutyák teljes száma kilencre emelkedett.

Within fifteen minutes all the dogs were in their harnesses.

Tizenöt percen belül az összes kutya a hámjában volt.

The sled team was swinging up the trail toward Dyea Cañon.

A szánkócsapat Dyea Cañon felé döcögött felfelé az ösvényen.

Buck felt glad to be leaving, even if the work ahead was hard.

Buck örült, hogy elmehet, még ha nehéz is volt a munka.

He found he did not particularly despise the labor or the cold.

Rájött, hogy nem utálta különösebben a munkát vagy a hideget.

He was surprised by the eagerness that filled the whole team.

Meglepte a lelkesedés, ami az egész csapatot eltöltötte.

Even more surprising was the change that had come over Dave and Solleks.

Még meglepőbb volt a változás, ami Dave-vel és Solleksszel történt.

These two dogs were entirely different when they were harnessed.

Ez a két kutya teljesen más volt, amikor befogták őket.

Their passiveness and lack of concern had completely disappeared.

Passzivitásuk és közönyük teljesen eltűnt.

They were alert and active, and eager to do their work well.

Éberek és aktívak voltak, és igyekeztek jól elvégezni a munkájukat.

They grew fiercely irritated at anything that caused delay or confusion.

Hevesen ingerültek lettek bármitől, ami késedelmet vagy zavart okozott.

The hard work on the reins was the center of their entire being.

A gyeplőn végzett kemény munka volt egész lényük középpontjában.

Sled pulling seemed to be the only thing they truly enjoyed.

Úgy tűnt, a szánhúzás az egyetlen dolog, amit igazán élveztek.

Dave was at the back of the group, closest to the sled itself.

Dave a csoport hátulján volt, legközelebb magához a szánhoz.

Buck was placed in front of Dave, and Solleks pulled ahead of Buck.

Buckot Dave elé ültették, Solleks pedig Buck elé húzott.

The rest of the dogs were strung out ahead in a single file.

A többi kutya egyetlen sort alkotva terelődött előre.

The lead position at the front was filled by Spitz.

Az élvonalban a vezető pozíciót Spitz töltötte be.

Buck had been placed between Dave and Solleks for instruction.

Buckot Dave és Solleks közé helyezték oktatás céljából.

He was a quick learner, and they were firm and capable teachers.

Gyorsan tanult, a tanárok pedig határozottak és rátermettek voltak.

They never allowed Buck to remain in error for long.

Soha nem engedték, hogy Buck sokáig tévedésben maradjon.

They taught their lessons with sharp teeth when needed.
Éles fogakkal tanították a leckéiket, ha kellett.

Dave was fair and showed a quiet, serious kind of wisdom.
Dave igazságos volt, és csendes, komoly bölcsességről tanúskodott.

He never bit Buck without a good reason to do so.
Soha nem harapta meg Buckot alapos ok nélkül.

But he never failed to bite when Buck needed correction.
De sosem mulasztotta el a harapást, amikor Bucknak helyreigazításra volt szüksége.

François's whip was always ready and backed up their authority.
François ostora mindig készen állt, és alátámasztotta tekintélyüket.

Buck soon found it was better to obey than to fight back.
Buck hamarosan rájött, hogy jobb engedelmeskedni, mint visszatámadni.

Once, during a short rest, Buck got tangled in the reins.
Egyszer, egy rövid pihenő alatt, Buck beleakadt a gyeplőbe.

He delayed the start and confused the team's movement.
Késleltette a kezdést és összezavarta a csapat mozgását.

Dave and Solleks flew at him and gave him a rough beating.
Dave és Solleks rárontottak, és durván megverték.

The tangle only got worse, but Buck learned his lesson well.
A gubanc csak rosszabb lett, de Buck jól megtanulta a leckét.

From then on, he kept the reins taut, and worked carefully.
Ettől kezdve feszesen tartotta a gyeplőt, és óvatosan dolgozott.

Before the day ended, Buck had mastered much of his task.
Mire a nap véget ért, Buck már nagyrészt elsajátította a feladatát.

His teammates almost stopped correcting or biting him.
A csapattársai szinte abbahagyták a firtatását vagy a harapdálását.

François's whip cracked through the air less and less often.
François ostora egyre ritkábban csattant a levegőben.

Perrault even lifted Buck's feet and carefully examined each paw.

Perrault még Buck lábait is felemelte, és gondosan megvizsgálta mindegyik mancsot.

It had been a hard day's run, long and exhausting for them all.

Kemény, hosszú és kimerítő futásnap volt ez mindannyiuk számára.

They travelled up the Cañon, through Sheep Camp, and past the Scales.

Felmentek a Cañonon, át Sheep Campen, és elhaladtak a Scales-hegység mellett.

They crossed the timber line, then glaciers and snowdrifts many feet deep.

Átlépték az erdőhatárt, majd gleccsereket és több méter mély hótorlaszokat.

They climbed the great cold and forbidding Chilkoot Divide.

Megmászták a nagy hideget és a félelmetes Chilkoot-hágót.

That high ridge stood between salt water and the frozen interior.

Az a magas gerinc a sós víz és a fagyott belső tér között állt.

The mountains guarded the sad and lonely North with ice and steep climbs.

A hegyek jéggel és meredek emelkedőkkel őrizték a szomorú és magányos Északot.

They made good time down a long chain of lakes below the divide.

Jól haladtak lefelé a vízválasztó alatti hosszú tóláncon.

Those lakes filled the ancient craters of extinct volcanoes.

Ezek a tavak kialudt vulkánok ősi krátereit töltötték meg.

Late that night, they reached a large camp at Lake Bennett.

Késő este elérték a Bennett-tónál lévő nagy tábort.

Thousands of gold seekers were there, building boats for spring.

Több ezer aranyásó volt ott, csónakokat építettek a tavaszra.

The ice was going break up soon, and they had to be ready.

A jég hamarosan felszakadozott, és készen kellett állniuk.

Buck dug his hole in the snow and fell into a deep sleep.

Buck ásta a gödröt a hóban, és mély álomba zuhant.

He slept like a working man, exhausted from the harsh day of toil.

Úgy aludt, mint egy munkásember, kimerülten a kemény munkanaptól.

But too early in the darkness, he was dragged from sleep.

De túl korán a sötétben, felrángatták álmából.

He was harnessed with his mates again and attached to the sled.

Újra befogták a társaival, és a szánhoz erősítették.

That day they made forty miles, because the snow was well trodden.

Azon a napon negyven mérföldet tettek meg, mivel a hó alaposan le volt taposva.

The next day, and for many days after, the snow was soft.

Másnap, és még sok-sok azután is, a hó puha volt.

They had to make the path themselves, working harder and moving slower.

Maguknak kellett megtenniük az utat, keményebben dolgozva és lassabban haladva.

Usually, Perrault walked ahead of the team with webbed snowshoes.

Perrault általában úszóhártyás hótalpakkal haladt a csapat előtt.

His steps packed the snow, making it easier for the sled to move.

Léptei belenyomták a havat, megkönnyítve ezzel a szán mozgását.

François, who steered from the gee-pole, sometimes took over.

François, aki a gearboomról kormányzott, néha átvette az irányítást.

But it was rare that François took the lead

De ritkán fordult elő, hogy François átvette a vezetést.

because Perrault was in a rush to deliver the letters and parcels.

mert Perrault sietett a levelek és csomagok kézbesítésével.

Perrault was proud of his knowledge of snow, and especially ice.

Perrault büszke volt a hóval, és különösen a jéggel kapcsolatos ismereteire.

That knowledge was essential, because fall ice was dangerously thin.

Ez a tudás elengedhetetlen volt, mivel az őszi jég veszélyesen vékony volt.

Where water flowed fast beneath the surface, there was no ice at all.

Ahol a víz gyorsan áramlott a felszín alatt, ott egyáltalán nem volt jég.

Day after day, the same routine repeated without end.

Napról napra ugyanaz a rutin ismétlődött vég nélkül.

Buck toiled endlessly in the reins from dawn until night.

Buck hajnaltól estig szüntelenül gürcölt a gyeplőben.

They left camp in the dark, long before the sun had risen.

Sötétben hagyták el a tábort, jóval napkelte előtt.

By the time daylight came, many miles were already behind them.

Mire megvirradt, már sok kilométert maguk mögött hagytak.

They pitched camp after dark, eating fish and burrowing into snow.

Sötétedés után vertek tábort, halat ettek és a hóba ásták magukat.

Buck was always hungry and never truly satisfied with his ration.

Buck mindig éhes volt, és soha nem volt igazán elégedett az adagjával.

He received a pound and a half of dried salmon each day.

Naponta másfél font szárított lazacot kapott.

But the food seemed to vanish inside him, leaving hunger behind.

De az étel mintha eltűnt volna belőle, hátrahagyva az éhséget.

He suffered from constant pangs of hunger, and dreamed of more food.

Állandó éhség gyötörte, és arról álmodozott, hogy több ételt kap.

The other dogs got only one pound of food, but they stayed strong.

A többi kutya csak egy fontnyi ételt kapott, de erősek maradtak.

They were smaller, and had been born into the northern life.

Kisebbek voltak, és az északi életbe születtek.

He swiftly lost the fastidiousness which had marked his old life.

Gyorsan elvesztette azt a finnyásságot, ami régi életét jellemezte.

He had been a dainty eater, but now that was no longer possible.

Régen ínycsiklandó evő volt, de most ez már nem volt lehetséges.

His mates finished first and robbed him of his unfinished ration.

A társai végeztek először, és elrabolták a megmaradt adagját.

Once they began there was no way to defend his food from them.

Miután elkezdték, nem volt módja megvédeni az ételét tőlük.

While he fought off two or three dogs, the others stole the rest.

Míg ő két-három kutyát elűzött, a többiek ellopták a többit.

To fix this, he began eating as fast as the others ate.

Hogy ezt helyrehozza, olyan gyorsan kezdett enni, mint a többiek.

Hunger pushed him so hard that he even took food not his own.

Az éhség annyira hajtotta, hogy még a saját ételét is elfogyasztotta.

He watched the others and learned quickly from their actions.

Figyelte a többieket, és gyorsan tanult a tetteikből.

He saw Pike, a new dog, steal a slice of bacon from Perrault.

Látta, ahogy Pike, az új kutya, ellop egy szelet szalonnát Perrault-tól.

Pike had waited until Perrault's back was turned to steal the bacon.

Pike megvárta, amíg Perrault hátat fordít, hogy ellopja a szalonnát.

The next day, Buck copied Pike and stole the whole chunk.

Másnap Buck lemásolta Pike-ot, és ellopta az egészet.

A great uproar followed, but Buck was not suspected.

Nagy felfordulás támadt, de Buckot senki sem gyanúsította.

Dub, a clumsy dog who always got caught, was punished instead.

Ehelyett Dubot, az ügyetlen kutyát büntették meg, akit mindig elkaptak.

That first theft marked Buck as a dog fit to survive the North.

Az első lopás Buckot olyan kutyává tette, aki képes túlélni az északi vidéket.

He showed he could adapt to new conditions and learn quickly.

Megmutatta, hogy gyorsan tud alkalmazkodni az új körülményekhez és tanul.

Without such adaptability, he would have died swiftly and badly.

Ilyen alkalmazkodóképesség nélkül gyorsan és rosszul halt volna meg.

It also marked the breakdown of his moral nature and past values.

Ez erkölcsi természetének és múltbeli értékeinek összeomlását is jelentette.

In the Southland, he had lived under the law of love and kindness.

Délvidéken a szeretet és a kedvesség törvénye szerint élt.

There it made sense to respect property and other dogs' feelings.

Ott volt értelme tiszteletben tartani a tulajdont és más kutyák érzéseit.

But the Northland followed the law of club and the law of fang.

De Északföld a bunkó és az agyar törvényét követte.

Whoever respected old values here was foolish and would fail.

Aki itt a régi értékeket tisztelte, az ostoba volt, és el fog bukni.

Buck did not reason all this out in his mind.

Buck mindezt nem gondolta végig magában.

He was fit, and so he adjusted without needing to think.

Fitt volt, így gondolkodás nélkül alkalmazkodott.

All his life, he had never run away from a fight.

Egész életében soha nem futott el harc elől.

But the wooden club of the man in the red sweater changed that rule.

De a piros pulóveres férfi fa bunkója megváltoztatta ezt a szabályt.

Now he followed a deeper, older code written into his being.

Most egy mélyebb, régebbi, a lényébe bevésődött kódot követett.

He did not steal out of pleasure, but from the pain of hunger.

Nem élvezetből lopott, hanem az éhség kínjától.

He never robbed openly, but stole with cunning and care.

Soha nem rabolt nyíltan, hanem ravaszul és körültekintően lopott.

He acted out of respect for the wooden club and fear of the fang.

A fabáb iránti tiszteletből és az agyartól való félelemből cselekedett.

In short, he did what was easier and safer than not doing it.

Röviden, azt tette, ami könnyebb és biztonságosabb volt, mint a meg nem tétele.

His development—or perhaps his return to old instincts— was fast.

A fejlődése – vagy talán a régi ösztöneihez való visszatérése – gyors volt.

His muscles hardened until they felt as strong as iron.

Izmai addig keményedtek, amíg olyan erősnek nem érezték magukat, mint a vas.

He no longer cared about pain, unless it was serious.

Már nem törődött a fájdalommal, kivéve, ha komoly volt.

He became efficient inside and out, wasting nothing at all.

Kívül-belül hatékony lett, semmit sem pazarolt.

He could eat things that were vile, rotten, or hard to digest.

Képes volt undorító, romlott vagy nehezen emészthető dolgokat enni.

Whatever he ate, his stomach used every last bit of value.

Bármit is evett, a gyomra az utolsó morzsáig felhasználta.

His blood carried the nutrients far through his powerful body.

Vére messzire szállította a tápanyagokat erős testében.

This built strong tissues that gave him incredible endurance.

Ez erős szöveteket épített ki, amelyek hihetetlen kitartást biztosítottak számára.

His sight and smell became much more sensitive than before.

A látása és a szaglása sokkal érzékenyebbé vált, mint korábban.

His hearing grew so sharp he could detect faint sounds in sleep.

A hallása annyira kiélesedett, hogy álmában is halvány hangokat tudott hallani.

He knew in his dreams whether the sounds meant safety or danger.

Álmaiban tudta, hogy a hangok biztonságot vagy veszélyt jelentenek.

He learned to bite the ice between his toes with his teeth.

Megtanulta, hogyan harapja a fogaival a jégbe a lábujjai között.

If a water hole froze over, he would break the ice with his legs.

Ha egy itatóhely befagyott, a lábaival törte fel a jeget.

He reared up and struck the ice hard with stiff front limbs.

Felágaskodott, és merev mellső lábaival keményen a jégre csapódott.

His most striking ability was predicting wind changes overnight.

Legfeltűnőbb képessége az éjszakai szélváltozások előrejelzése volt.

Even when the air was still, he chose spots sheltered from wind.

Még szélcsendben is szélvédett helyeket választott.

Wherever he dug his nest, the next day's wind passed him by.

Ahol fészket ásott, a másnapi szél elsuhant mellette.

He always ended up snug and protected, to leeward of the breeze.

Mindig kényelmesen és védve feküdt, a szellő elől védve.

Buck not only learned by experience—his instincts returned too.

Buck nemcsak tapasztalatból tanult – az ösztönei is visszatértek.

The habits of domesticated generations began to fall away.

A megszelídített generációk szokásai elkezdtek hanyatlani.

In vague ways, he remembered the ancient times of his breed.

Homályosan emlékezett fajtája ősi időire.

He thought back to when wild dogs ran in packs through forests.

Visszagondolt azokra az időkre, amikor a vadkutyák falkákban szaladgáltak az erdőkben.

They had chased and killed their prey while running it down.

Üldözték és megölték prédájukat, miközben lefuttatták.

It was easy for Buck to learn how to fight with tooth and speed.

Bucknak könnyű volt megtanulnia, hogyan kell foggal és gyorsan harcolni.

He used cuts, slashes, and quick snaps just like his ancestors.

Vágásokat, vágásokat és gyors csettintéseket használt, akárcsak ősei.

Those ancestors stirred within him and awoke his wild nature.

Azok az ősök megmozdultak benne, és felébresztették vad természetét.

Their old skills had passed into him through the bloodline.

Régi képességeik vérvonalon keresztül öröklődtek át rá.

Their tricks were his now, with no need for practice or effort.

A trükkjeik most már az övéi voltak, gyakorlás vagy erőfeszítés nélkül.

On still, cold nights, Buck lifted his nose and howled.

Csendes, hideg éjszakákon Buck felemelte az orrát és vonyított.

He howled long and deep, the way wolves had done long ago.

Hosszan és mélyen vonyított, ahogy a farkasok tették régesrégen.

Through him, his dead ancestors pointed their noses and howled.

Rajta keresztül halott ősei orrukat hegyezve üvöltöttek.

They howled down through the centuries in his voice and shape.

Hangján és alakján keresztül üvöltöttek lefelé az évszázadokon.

His cadences were theirs, old cries that told of grief and cold.

A hangja az övék volt, régi kiáltások, melyek a bánatról és a hidegről árulkodtak.

They sang of darkness, of hunger, and the meaning of winter.

A sötétségről, az éhségről és a tél jelentéséről énekeltek.

Buck proved of how life is shaped by forces beyond oneself,

Buck bebizonyította, hogy az életet rajtunk kívül álló erők alakítják,

the ancient song rose through Buck and took hold of his soul.

Az ősi dal felszállt Buckból, és megragadta a lelkét.

He found himself because men had found gold in the North.

Azért találta meg önmagát, mert az emberek aranyat találtak Északon.

And he found himself because Manuel, the gardener's helper, needed money.

És azért találta magát, mert Manuelnek, a kertész segédjének, pénzre volt szüksége.

The Dominant Primordial Beast
Az uralkodó ősállat

The dominant primordial beast was as strong as ever in Buck.
A domináns ősállat Buckban ugyanolyan erős volt, mint valaha.
But the dominant primordial beast had lain dormant in him.
De az uralkodó ősállat szunnyadt benne.
Trail life was harsh, but it strengthened beast inside Buck.
Az ösvényen töltött élet kemény volt, de megerősítette Buckban a benne rejlő vadállatot.
Secretly the beast grew stronger and stronger every day.
Titokban a szörnyeteg minden egyes nappal erősebb és erősebb lett.
But that inner growth stayed hidden to the outside world.
De ez a belső fejlődés rejtve maradt a külvilág számára.
A quiet and calm primordial force was building inside Buck.
Egy csendes és nyugodt, ősi erő épült Buckban.
New cunning gave Buck balance, calm control, and poise.
Az új ravaszság egyensúlyt, nyugodt önuralom és higgadtságot kölcsönzött Bucknak.
Buck focused hard on adapting, never feeling fully relaxed.
Buck erősen az alkalmazkodásra koncentrált, sosem érezte magát teljesen ellazultnak.
He avoided conflict, never starting fights, nor seeking trouble.
Kerülte a konfliktusokat, soha nem kezdett verekedéseket, és nem kereste a bajt.
A slow, steady thoughtfulness shaped Buck's every move.
Buck minden mozdulatát lassú, de biztos megfontolás jellemezte.
He avoided rash choices and sudden, reckless decisions.
Kerülte a meggondolatlan döntéseket és a hirtelen, meggondolatlan döntéseket.
Though Buck hated Spitz deeply, he showed him no aggression.

Bár Buck mélységesen gyűlölte Spitzet, nem mutatott vele szemben agressziót.

Buck never provoked Spitz, and kept his actions restrained.
Buck soha nem provokálta Spitzet, és visszafogottan cselekedett.

Spitz, on the other hand, sensed the growing danger in Buck.
Spitz viszont érezte a Buckban növekvő veszélyt.

He saw Buck as a threat and a serious challenge to his power.
Buckot fenyegetésnek és hatalma komoly kihívásának tekintette.

He used every chance to snarl and show his sharp teeth.
Minden alkalmat megragadott, hogy vicsorogjon és megmutassa éles fogait.

He was trying to start the deadly fight that had to come.
Megpróbálta megkezdeni a halálos harcot, amelynek el kellett jönnie.

Early in the trip, a fight nearly broke out between them.
Az út elején majdnem verekedés tört ki közöttük.

But an unexpected accident stopped the fight from happening.
Ám egy váratlan baleset megakadályozta a verekedést.

That evening they set up camp on the bitterly cold Lake Le Barge.
Azon az estén tábort vertek a keservesen hideg Le Barge-tavon.

The snow was falling hard, and the wind cut like a knife.
Keményen esett a hó, a szél pedig késként vágott.

The night had come too fast, and darkness surrounded them.
Túl gyorsan leszállt az éjszaka, és sötétség vette körül őket.

They could hardly have chosen a worse place for rest.
Aligha választhattak volna rosszabb helyet a pihenésre.

The dogs searched desperately for a place to lie down.
A kutyák kétségbeesetten kerestek egy helyet, ahol lefeküdhetnek.

A tall rock wall rose steeply behind the small group.

Egy magas sziklafal emelkedett meredeken a kis csoport mögött.

The tent had been left behind in Dyea to lighten the load.

A sátrat Dyeában hagyták, hogy könnyítsenek a terhen.

They had no choice but to make the fire on the ice itself.

Nem volt más választásuk, mint hogy magukon a jégen tüzet gyújtsanak.

They spread their sleeping robes directly on the frozen lake.

Hálóruháikat közvetlenül a befagyott tóra terítették.

A few sticks of driftwood gave them a little bit of fire.

Néhány uszadékfa-rúd adott nekik egy kis tüzet.

But the fire was built on the ice, and thawed through it.

De a tűz a jégen rakódott, és azon keresztül olvadt el.

Eventually they were eating their supper in darkness.

Végül sötétben ették meg a vacsorájukat.

Buck curled up beside the rock, sheltered from the cold wind.

Buck összegömbölyödött a szikla mellett, védve a hideg széltől.

The spot was so warm and safe that Buck hated to move away.

A hely olyan meleg és biztonságos volt, hogy Buck nem szívesen mozdult el onnan.

But François had warmed the fish and was handing out rations.

De François már megmelegítette a halat, és már osztotta az élelmet.

Buck finished eating quickly, and returned to his bed.

Buck gyorsan befejezte az evést, és visszafeküdt az ágyába.

But Spitz was now laying where Buck had made his bed.

De Spitz most ott feküdt, ahol Buck megágyazott.

A low snarl warned Buck that Spitz refused to move.

Egy halk vicsorgás figyelmeztette Buckot, hogy Spitz nem hajlandó mozdulni.

Until now, Buck had avoided this fight with Spitz.

Buck eddig elkerülte a Spitz-csel vívott harcot.

But deep inside Buck the beast finally broke loose.

De Buck legbelül végre elszabadult a szörnyeteg.

The theft of his sleeping place was too much to tolerate.

A hálóhelyének ellopása túl sok volt ahhoz, hogy elviselje.

Buck launched himself at Spitz, full of anger and rage.

Buck dühösen és dühösen Spitzre vetette magát.

Up until not Spitz had thought Buck was just a big dog.

Spitz eddig csak egy nagy kutyának gondolta Buckot.

He didn't think Buck had survived through his spirit.

Nem gondolta, hogy Buck a szelleme révén élte túl.

He was expecting fear and cowardice, not fury and revenge.

Félelemre és gyávaságra számított, nem dühre és bosszúra.

François stared as both dogs burst from the ruined nest.

François bámulta, ahogy mindkét kutya előtört a romos fészekből.

He understood at once what had started the wild struggle.

Azonnal megértette, mi indította el a vad küzdelmet.

"A-a-ah!" François cried out in support of the brown dog.

„Ááá!" – kiáltotta François, támogatva a barna kutyát.

"Give him a beating! By God, punish that sneaky thief!"

„Adj neki egy verést! Istenre, büntesse meg azt a sunyi tolvajt!"

Spitz showed equal readiness and wild eagerness to fight.

Spitz egyenlő készenlétet és vad harci vágyat mutatott.

He cried out in rage while circling fast, seeking an opening.

Dühösen felkiáltott, miközben gyorsan körözött, rést keresve.

Buck showed the same hunger to fight, and the same caution.

Buck ugyanazt a harci vágyat és ugyanazt az óvatosságot mutatta.

He circled his opponent as well, trying to gain the upper hand in battle.

Ő is megkerülte ellenfelét, próbálva fölénybe kerülni a csatában.

Then something unexpected happened and changed everything.

Aztán történt valami váratlan, és mindent megváltoztatott.

That moment delayed the eventual fight for the leadership.

Ez a pillanat késleltette a vezetésért folytatott végső küzdelmet.

Many miles of trail and struggle still waited before the end.

Még sok kilométernyi út és küzdelem várt a végére.

Perrault shouted an oath as a club smacked against bone.

Perrault egy káromkodást kiáltott, amikor egy bunkó csontnak csapódott.

A sharp yelp of pain followed, then chaos exploded all around.

Éles, fájdalmas sikoly következett, majd mindenütt káosz tört ki.

Dark shapes moved in camp; wild huskies, starved and fierce.

Sötét alakok mozogtak a táborban; vad, kiéhezett és vadak kutyák.

Four or five dozen huskies had sniffed the camp from far away.

Négy-öt tucat husky szaglászott már messziről a tábor körül.

They had crept in quietly while the two dogs fought nearby.

Csendben lopakodtak be, miközben a két kutya a közelben verekedett.

François and Perrault charged, swinging clubs at the invaders.

François és Perrault rohamra indultak, botokkal lendítve a támadókat.

The starving huskies showed teeth and fought back in frenzy.

Az éhező huskyk kivillantották a fogaikat, és dühösen visszavágtak.

The smell of meat and bread had driven them past all fear.

A hús és a kenyér illata minden félelmüktől megfosztotta őket.

Perrault beat a dog that had buried its head in the grub-box.

Perrault megvert egy kutyát, amely a fejét az eleségdobozba dugta.

The blow hit hard, and the box flipped, food spilling out.

Az ütés erős volt, a doboz felborult, és étel ömlött ki belőle.

In seconds, a score of wild beasts tore into the bread and meat.

Másodpercek alatt egy tucat vadállat tépte szét a kenyeret és a húst.

The men's clubs landed blow after blow, but no dog turned away.

A férfiütők ütésről ütésre érkeztek, de egyetlen kutya sem fordult el.

They howled in pain, but fought until no food remained.

Fájdalmukban üvöltöttek, de addig küzdöttek, amíg el nem fogyott az élelmük.

Meanwhile, the sled-dogs had jumped from their snowy beds.

Eközben a szánhúzó kutyák kiugrottak havas ágyaikból.

They were instantly attacked by the vicious hungry huskies.

Azonnal megtámadták őket a veszett, éhes huskyk.

Buck had never seen such wild and starved creatures before.

Buck még soha nem látott ilyen vad és kiéhezett teremtményeket.

Their skin hung loose, barely hiding their skeletons.

Bőrük lazán lógott, alig rejtve a csontvázukat.

There was a fire in their eyes, from hunger and madness

Tűz égett a szemükben az éhségtől és az őrülettől

There was no stopping them; no resisting their savage rush.

Nem lehetett őket megállítani; nem lehetett ellenállni vad rohamuknak.

The sled-dogs were shoved back, pressed against the cliff wall.

A szánhúzó kutyákat hátralökték, a sziklafalhoz nyomták.

Three huskies attacked Buck at once, tearing into his flesh.

Három husky támadt rá Buckra egyszerre, és a húsába tépték a húsát.

Blood poured from his head and shoulders, where he'd been cut.

Vér ömlött a fejéből és a vállából, ahol megvágták.

The noise filled the camp; growling, yelps, and cries of pain.

A zaj betöltötte a tábort; morgás, visítás és fájdalmas kiáltások.

Billee cried loudly, as usual, caught in the fray and panic.

Billee hangosan sírt, mint általában, a pánik és a csetepaté közepette.

Dave and Solleks stood side by side, bleeding but defiant.

Dave és Solleks egymás mellett álltak, vérezve, de dacosan.

Joe fought like a demon, biting anything that came close.

Joe démonként harcolt, mindent megharapott, ami a közelébe került.

He crushed a husky's leg with one brutal snap of his jaws.

Egyetlen brutális állkapocs-csattanással szétzúzta egy husky lábát.

Pike jumped on the wounded husky and broke its neck instantly.

Pike ráugrott a sebesült huskyra, és azonnal eltörte a nyakát.

Buck caught a husky by the throat and ripped through the vein.

Buck elkapott egy huskyt a torkánál, és átszakította az erét.

Blood sprayed, and the warm taste drove Buck into a frenzy.

Vér fröccsent, és a meleg íz őrületbe kergette Buckot.

He hurled himself at another attacker without hesitation.

Gondolkodás nélkül rávetette magát egy másik támadóra.

At the same moment, sharp teeth dug into Buck's own throat.

Ugyanebben a pillanatban éles fogak vájtak Buck torkába.

Spitz had struck from the side, attacking without warning.

Spitz oldalról csapott le, előzetes figyelmeztetés nélkül támadva.

Perrault and François had defeated the dogs stealing the food.

Perrault és François legyőzték az élelmet lopó kutyákat.

Now they rushed to help their dogs fight back the attackers.

Most siettek, hogy segítsenek kutyáiknak visszaverni a támadókat.

The starving dogs retreated as the men swung their clubs.

Az éhező kutyák visszavonultak, miközben a férfiak meglendítették a bunkóikat.

Buck broke free from the attack, but the escape was brief.

Buck kiszabadult a támadás elől, de a menekülés rövid volt.

The men ran to save their dogs, and the huskies swarmed again.

A férfiak a kutyáik megmentésére rohantak, de a huskyk ismét ellepték őket.

Billee, frightened into bravery, leapt into the pack of dogs.

Billee, akit félelemmel rémített a bátorság, beugrott a kutyák falkájába.

But then he fled across the ice, in raw terror and panic.

De aztán átmenekült a jégen, nyers rettegésben és pánikban.

Pike and Dub followed close behind, running for their lives.

Pike és Dub szorosan a nyomukban követték őket, életüket mentve futva.

The rest of the team broke and scattered, following after them.

A csapat többi tagja szétszóródott, és a nyomukban követte őket.

Buck gathered his strength to run, but then saw a flash.

Buck összeszedte minden erejét, hogy elfusson, de ekkor egy villanást látott.

Spitz lunged at Buck's side, trying to knock him to the ground.

Spitz Buck oldalára vetette magát, és megpróbálta a földre lökni.

Under that mob of huskies, Buck would have had no escape.

Azzal a husky csapattal szemben Bucknak nem volt menekvés.

But Buck stood firm and braced for the blow from Spitz.

De Buck szilárdan állt és felkészült Spitz csapására.

Then he turned and ran out onto the ice with the fleeing team.

Aztán megfordult, és a menekülő csapattal együtt kirohant a jégre.

Later, the nine sled-dogs gathered in the shelter of the woods.

Később a kilenc szánhúzó kutya összegyűlt az erdő menedékében.

No one chased them anymore, but they were battered and wounded.

Senki sem üldözte őket már, de összetörtek és megsebesültek.

Each dog had wounds; four or five deep cuts on every body.

Minden kutyán sebek voltak; négy vagy öt mély vágás mindegyik testén.

Dub had an injured hind leg and struggled to walk now.

Dubnak megsérült az egyik hátsó lába, és most már nehezen tudott járni.

Dolly, the newest dog from Dyea, had a slashed throat.

Dollynak, Dyea legújabb kutyájának elvágták a torkát.

Joe had lost an eye, and Billee's ear was cut to pieces

Joe elvesztette az egyik szemét, Billee füle pedig darabokra tört.

All the dogs cried in pain and defeat through the night.

Az összes kutya fájdalmasan és legyőzötten sírt egész éjjel.

At dawn they crept back to camp, sore and broken.

Hajnalban visszaosontak a táborba, fájóan és összetörve.

The huskies had vanished, but the damage had been done.

A huskyk eltűntek, de a kár már megtörtént.

Perrault and François stood in foul moods over the ruin.

Perrault és François rosszkedvűen álltak a romok felett.

Half of the food was gone, snatched by the hungry thieves.

Az élelem fele eltűnt, az éhes tolvajok elrabolták.

The huskies had torn through sled bindings and canvas.

A huskyk elszakították a szánkó kötözését és a vásznat.

Anything with a smell of food had been devoured completely.

Mindent, aminek ételszaga volt, teljesen felfaltak.

They ate a pair of Perrault's moose-hide traveling boots.

Megették Perrault egy pár jávorszarvasbőr utazócsizmáját.

They chewed leather reis and ruined straps beyond use.

Bőr reiseket rágcsáltak, és használhatatlanná tették a szíjakat.

François stopped staring at the torn lash to check the dogs.

François abbahagyta a tépett korbács bámulását, hogy ellenőrizze a kutyákat.

"Ah, my friends," he said, his voice low and filled with worry.

– Ó, barátaim – mondta halk, aggodalommal teli hangon.

"Maybe all these bites will turn you into mad beasts."

„Talán ezek a harapások őrült fenevadakká változtatnak benneteket."

"Maybe all mad dogs, sacredam! What do you think, Perrault?"

„Talán mind veszett kutyák, szent ég! Mit gondolsz, Perrault?"

Perrault shook his head, eyes dark with concern and fear.

Perrault a fejét rázta, szeme elkomorult az aggodalomtól és a félelemtől.

Four hundred miles still lay between them and Dawson.

Még négyszáz mérföld választotta el őket Dawsontól.

Dog madness now could destroy any chance of survival.

A kutyaőrület most már minden esélyt tönkretehet a túlélésre.

They spent two hours swearing and trying to fix the gear.

Két órát töltöttek káromkodással és a felszerelés megjavításával.

The wounded team finally left the camp, broken and defeated.

A sebesült csapat végül megtörve és legyőzve elhagyta a tábort.

This was the hardest trail yet, and each step was painful.

Ez volt a legnehezebb út, és minden lépés fájdalmas volt.

The Thirty Mile River had not frozen, and was rushing wildly.

A Harminc Mérföld folyó nem fagyott be, és vadul sebesen hömpölygött.

Only in calm spots and swirling eddies did ice manage to hold.

Csak a nyugodt helyeken és az örvénylő területeken sikerült a jégnek megállnia.

Six days of hard labor passed until the thirty miles were done.

Hat nap kemény munka telt el, mire megtették a harminc mérföldet.

Each mile of the trail brought danger and the threat of death.

Az ösvény minden egyes mérföldje veszélyt és a halál fenyegetését hordozta magában.

The men and dogs risked their lives with every painful step.

A férfiak és a kutyák minden fájdalmas lépéssel kockáztatták az életüket.

Perrault broke through thin ice bridges a dozen different times.

Perrault tucatszor tört át vékony jéghidakon.

He carried a pole and let it fall across the hole his body made.

Magához vett egy rudat, és leejtette azzal a lyukat, amit a teste ejtett.

More than once did that pole save Perrault from drowning.

Az a rúd többször is megmentette Perrault-t a fulladástól.

The cold snap held firm, the air was fifty degrees below zero.

A hideg kitartott, a levegő ötven fok mínuszban volt.

Every time he fell in, Perrault had to light a fire to survive.

Valahányszor beleesett, Perrault-nak tüzet kellett gyújtania a túléléshez.

Wet clothing froze fast, so he dried them near blazing heat.

A vizes ruhák gyorsan megfagytak, ezért perzselő hőségben szárította őket.

No fear ever touched Perrault, and that made him a courier.

Perrault-t soha nem fogta el a félelem, és ez tette őt futárrá.

He was chosen for danger, and he met it with quiet resolve.

A veszélyre választották, és csendes elszántsággal fogadta.

He pressed forward into wind, his shriveled face frostbitten.

Szélbe szorította magát, összeaszott arca jégcsípte.

From faint dawn to nightfall, Perrault led them onward.

Halvány pirkadattól estig Perrault vezette őket előre.

He walked on narrow rim ice that cracked with every step.

Keskeny, peremén, jégen járt, ami minden lépésnél megrepedt.

They dared not stop—each pause risked a deadly collapse.

Nem mertek megállni – minden szünet halálos összeomlást kockáztatott.

One time the sled broke through, pulling Dave and Buck in.

Egyszer a szán áttört, és magával rántotta Dave-et és Buckot.

By the time they were dragged free, both were near frozen.

Mire kiszabadították őket, mindketten majdnem megfagytak.

The men built a fire quickly to keep Buck and Dave alive.

A férfiak gyorsan tüzet raktak, hogy életben tartsák Buckot és Dave-et.

The dogs were coated in ice from nose to tail, stiff as carved wood.

A kutyákat orruktól farkukig jég borította, olyan merevek voltak, mint a faragott fa.

The men ran them in circles near the fire to thaw their bodies.

A férfiak körbe-körbe futtatták őket a tűz közelében, hogy felolvasztsák a testüket.

They came so close to the flames that their fur was singed.

Olyan közel kerültek a lángokhoz, hogy a bundájuk megpörkölődött.

Spitz broke through the ice next, dragging in the team behind him.

Spitz törte át legközelebb a jeget, maga után vonszolva a csapatot.

The break reached all the way up to where Buck was pulling.

A törés egészen odáig ért, ahol Buck húzta.

Buck leaned back hard, paws slipping and trembling on the edge.

Buck erősen hátradőlt, mancsai megcsúsztak és remegtek a szélén.

Dave also strained backward, just behind Buck on the line.

Dave is hátrafeszítette a labdát, közvetlenül Buck mögött a vonalon.

François hauled on the sled, his muscles cracking with effort.

François húzta a szánt, izmai ropogtak az erőfeszítéstől.

Another time, rim ice cracked before and behind the sled.

Egy másik alkalommal a peremjég megrepedt a szánkó előtt és mögött.

They had no way out except to climb a frozen cliff wall.

Nem volt más kiútjuk, mint megmászni egy befagyott sziklafalat.

Perrault somehow climbed the wall; a miracle kept him alive.

Perrault valahogyan átmászott a falon; egy csoda tartotta életben.

François stayed below, praying for the same kind of luck.

François lent maradt, és hasonló szerencséért imádkozott.

They tied every strap, lashing, and trace into one long rope.

Minden szíjat, rögzítőelemet és vezetőszárat egyetlen hosszú kötéllé kötöttek.

The men hauled each dog up, one at a time to the top.

A férfiak egyesével húzták fel a kutyákat a tetejére.

François climbed last, after the sled and the entire load.

François mászott fel utoljára, a szánkó és az egész rakomány után.

Then began a long search for a path down from the cliffs.

Aztán hosszas keresés kezdődött egy ösvény után, ami levezet a sziklákról.

They finally descended using the same rope they had made.

Végül ugyanazzal a kötéllel ereszkedtek le, amit maguk készítettek.

Night fell as they returned to the riverbed, exhausted and sore.

Leszállt az éj, mire kimerülten és fájdalmasan visszatértek a folyómederbe.

They had taken a full day to cover only a quarter of a mile.

Az egész nap mindössze negyed mérföldnyi előnyt hozott nekik.

By the time they reached the Hootalinqua, Buck was worn out.

Mire elérték a Hootalinquát, Buck teljesen kimerült volt.

The other dogs suffered just as badly from the trail conditions.

A többi kutya ugyanúgy szenvedett az ösvényviszonyoktól.

But Perrault needed to recover time, and pushed them on each day.

De Perraultnak időt kellett nyernie, ezért minden nap hajtotta őket.

The first day they traveled thirty miles to Big Salmon.

Az első napon harminc mérföldet utaztak Big Salmonba.

The next day they travelled thirty-five miles to Little Salmon.

Másnap harmincöt mérföldet utaztak Little Salmonba.

On the third day they pushed through forty long frozen miles.

A harmadik napon negyven hosszú, fagyott mérföldet nyomtak át.

By then, they were nearing the settlement of Five Fingers.

Addigra már közeledtek Öt Ujj településhez.

Buck's feet were softer than the hard feet of native huskies.

Buck lábai puhábbak voltak, mint a bennszülött huskyk kemény lábai.

His paws had grown tender over many civilized generations.

Mancsai sok civilizált generáció alatt érzékennyé váltak.

Long ago, his ancestors had been tamed by river men or hunters.

Réges-régen folyami emberek vagy vadászok szelídítették meg őseit.

Every day Buck limped in pain, walking on raw, aching paws.

Buck minden nap fájdalmasan sántított, sebes, sajgó mancsain járt.

At camp, Buck dropped like a lifeless form upon the snow.

A táborban Buck élettelen alakként zuhant a hóba.

Though starving, Buck did not rise to eat his evening meal.
Bár Buck éhes volt, mégsem kelt fel, hogy megegye a vacsoráját.

François brought Buck his ration, laying fish by his muzzle.
François odahozta Bucknak az adagját, miközben a halakat az orránál fogva tolta.

Each night the driver rubbed Buck's feet for half an hour.
A sofőr minden este fél órán át dörzsölgette Buck lábát.

François even cut up his own moccasins to make dog footwear.
François még a saját mokaszinjait is felszabdalta, hogy kutyalábbelit készítsen belőle.

Four warm shoes gave Buck a great and welcome relief.
Négy meleg cipő nagy és üdvözlendő megkönnyebbülést hozott Bucknak.

One morning, François forgot the shoes, and Buck refused to rise.
Egyik reggel François elfelejtette a cipőket, és Buck nem volt hajlandó felkelni.

Buck lay on his back, feet in the air, waving them pitifully.
Buck a hátán feküdt, lábait a levegőbe emelve, és szánalmasan hadonászott velük.

Even Perrault grinned at the sight of Buck's dramatic plea.
Még Perrault is elvigyorodott Buck drámai könyörgése láttán.

Soon Buck's feet grew hard, and the shoes could be discarded.
Buck lábai hamarosan megkeményedtek, és a cipőket el lehetett dobni.

At Pelly, during harness time, Dolly let out a dreadful howl.
Pellynél, hámozás közben Dolly rettenetes vonyítást hallatott.

The cry was long and filled with madness, shaking every dog.
A kiáltás hosszú volt és őrülettel teli, minden kutyát megremegtetett.

Each dog bristled in fear without knowing the reason.
Minden kutya félelmében felborzolta a dühét, anélkül, hogy tudta volna az okát.

Dolly had gone mad and hurled herself straight at Buck.
Dolly megőrült, és egyenesen Buckra vetette magát.
Buck had never seen madness, but horror filled his heart.
Buck még soha nem látott őrültséget, de a szívét betöltötte a rémület.
With no thought, he turned and fled in absolute panic.
Gondolkodás nélkül megfordult és teljes pánikban elmenekült.
Dolly chased him, her eyes wild, saliva flying from her jaws.
Dolly üldözőbe vette, tekintete vad volt, szájából folyt a nyál.
She kept right behind Buck, never gaining and never falling back.
Közvetlenül Buck mögött maradt, soha nem előzte meg, és soha nem hátrált meg.
Buck ran through woods, down the island, across jagged ice.
Buck erdőn át futott, le a szigeten, át a csipkézett jégen.
He crossed to an island, then another, circling back to the river.
Átkelt egy szigetre, majd egy másikra, és visszakerült a folyóhoz.
Still Dolly chased him, her growl close behind at every step.
Dolly továbbra is üldözte, minden lépésnél morgással a nyomában.
Buck could hear her breath and rage, though he dared not look back.
Buck hallotta a lélegzetét és a dühét, bár nem mert hátranézni.
François shouted from afar, and Buck turned toward the voice.
François messziről kiáltotta, mire Buck a hang felé fordult.
Still gasping for air, Buck ran past, placing all hope in François.
Buck, még mindig levegőért kapkodva, elfutott mellettük, minden reményét François-ba vetve.
The dog-driver raised an axe and waited as Buck flew past.
A kutyahajcsár felemelte a fejszéjét, és megvárta, amíg Buck elrepült mellette.

The axe came down fast and struck Dolly's head with deadly force.

A fejsze gyorsan lecsapott, és halálos erővel csapódott Dolly fejébe.

Buck collapsed near the sled, wheezing and unable to move.

Buck a szán közelében rogyott össze, zihálva és mozdulni sem tudott.

That moment gave Spitz his chance to strike an exhausted foe.

Ez a pillanat lehetőséget adott Spitznek, hogy lecsapjon a kimerült ellenfélre.

Twice he bit Buck, ripping flesh down to the white bone.

Kétszer megharapta Buckot, a húsát egészen a fehér csontig feltépve.

François's whip cracked, striking Spitz with full, furious force.

François ostora csattant, teljes, dühös erővel csapva le Spitzre.

Buck watched with joy as Spitz received his harshest beating yet.

Buck örömmel nézte, ahogy Spitz élete eddigi legkeményebb verését kapja.

"He's a devil, that Spitz," Perrault muttered darkly to himself.

„Egy ördög ez a Spitz" – motyogta Perrault komoran magában.

"Someday soon, that cursed dog will kill Buck—I swear it."

„Hamarosan az az átkozott kutya megöli Buckot – esküszöm."

"That Buck has two devils in him," François replied with a nod.

– Két ördög lakozik abban a Buckban – felelte François bólogatva.

"When I watch Buck, I know something fierce waits in him."

„Amikor Buckot nézem, tudom, hogy valami vadság vár rá."

"One day, he'll get mad as fire and tear Spitz to pieces."

„Egy nap úgy megőrül, mint a tűz, és darabokra tépi Spitzet."

"He'll chew that dog up and spit him on the frozen snow."

„Összerágja azt a kutyát, és a fagyott hóra köpi."

"Sure as anything, I know this deep in my bones."

„Biztosan tudom ezt a csontjaim mélyén."

From that moment forward, the two dogs were locked in war.

Attól a pillanattól kezdve a két kutya háborúban állt.

Spitz led the team and held power, but Buck challenged that.

Spitz vezette a csapatot és birtokolta a hatalmat, de Buck ezt megkérdőjelezte.

Spitz saw his rank threatened by this odd Southland stranger.

Spitz rangját fenyegetve látta ezt a különös délvidéki idegent.

Buck was unlike any southern dog Spitz had known before.

Buck minden déli kutyától különbözött, amit Spitz korábban ismert.

Most of them failed—too weak to live through cold and hunger.

Legtöbbjük kudarcot vallott – túl gyengék voltak ahhoz, hogy túléljék a hideget és az éhséget.

They died fast under labor, frost, and the slow burn of famine.

Gyorsan haltak a munka, a fagy és az éhínség lassú pusztítása alatt.

Buck stood apart—stronger, smarter, and more savage each day.

Buck kitűnt a tömegből – napról napra erősebb, okosabb és vadabb lett.

He thrived on hardship, growing to match the northern huskies.

A nehézségeken is boldogult, és egyre jobban felnőve versenyre kelhetett az északi huskykkal.

Buck had strength, wild skill, and a patient, deadly instinct.

Bucknak ereje, vad ügyessége és türelmes, halálos ösztöne volt.

The man with the club had beaten rashness out of Buck.

A bunkós férfi kiverte Buckból a meggondolatlanságot.

Blind fury was gone, replaced by quiet cunning and control.

A vak düh eltűnt, helyét csendes ravaszság és önuralom vette át.

He waited, calm and primal, watching for the right moment.
Várt, nyugodtan és őszintén, a megfelelő pillanatot keresve.

Their fight for command became unavoidable and clear.
A parancsnokságért folytatott harcuk elkerülhetetlenné és egyértelművé vált.

Buck desired leadership because his spirit demanded it.
Buck vezetésre vágyott, mert a lelke ezt követelte.

He was driven by the strange pride born of trail and harness.
Az ösvény és a hám szülte különös büszkeség hajtotta.

That pride made dogs pull till they collapsed on the snow.
Ez a büszkeség arra késztette a kutyákat, hogy addig húzzák őket, amíg össze nem rogytak a hóban.

Pride lured them into giving all the strength they had.
A büszkeség arra csábította őket, hogy minden erejüket beleadják.

Pride can lure a sled-dog even to the point of death.
A büszkeség akár a haláláig is elcsábíthat egy szánhúzó kutyát.

Losing the harness left dogs broken and without purpose.
A hám elvesztése miatt a kutyák összetörtek és céltalanok voltak.

The heart of a sled-dog can be crushed by shame when they retire.
Egy szánhúzó kutya szívét összetörheti a szégyen, amikor nyugdíjba vonul.

Dave lived by that pride as he dragged the sled from behind.
Dave ezt a büszkeséget vallotta, miközben maga mögött húzta a szánt.

Solleks, too, gave his all with grim strength and loyalty.
Solleks is mindent beleadott komor erővel és hűséggel.

Each morning, pride turned them from bitter to determined.
A büszkeség minden reggel keserűségből eltökéltséggé változtatta őket.

They pushed all day, then dropped silent at the camp's end.
Egész nap nyomultak, aztán a tábor végében elcsendesedtek.

That pride gave Spitz the strength to beat shirkers into line.
Ez a büszkeség erőt adott Spitznek ahhoz, hogy rendbe tegye
a lustálkodókat.

**Spitz feared Buck because Buck carried that same deep
pride.**
Spitz félt Bucktól, mert Buckban is ott volt ez a mély
büszkeség.

Buck's pride now stirred against Spitz, and he did not stop.
Buck büszkesége most Spitz ellen fordult, és nem állt meg.

**Buck defied Spitz's power and blocked him from punishing
dogs.**
Buck dacolt Spitz hatalmával, és megakadályozta, hogy
kutyákat büntessen.

**When others failed, Buck stepped between them and their
leader.**
Amikor mások kudarcot vallottak, Buck közéjük és vezetőjük
közé lépett.

**He did this with intent, making his challenge open and
clear.**
Szándékosan tette ezt, nyíltan és világosan fogalmazva meg a
kihívást.

**On one night heavy snow blanketed the world in deep
silence.**
Egyik éjjel sűrű hó borította be a világot mély csenddel.

The next morning, Pike, lazy as ever, did not rise for work.
Másnap reggel Pike, aki továbbra is lustán viselkedett, nem
kelt fel dolgozni.

He stayed hidden in his nest beneath a thick layer of snow.
A fészkében rejtőzött egy vastag hóréteg alatt.

François called out and searched, but could not find the dog.
François kiáltott és kereste a kutyát, de nem találta.

**Spitz grew furious and stormed through the snow-covered
camp.**
Spitz dühbe gurult, és áttört a hófödte táboron.

He growled and sniffed, digging madly with blazing eyes.
Morgott és szimatolt, lángoló szemekkel, őrülten ásott.

His rage was so fierce that Pike shook under the snow in fear.

Olyan vad volt a dühe, hogy Pike félelmében reszketett a hó alatt.

When Pike was finally found, Spitz lunged to punish the hiding dog.

Amikor Pike-ot végre megtalálták, Spitz előrerontott, hogy megbüntesse a bujkáló kutyát.

But Buck sprang between them with a fury equal to Spitz's own.

De Buck Spitzéhez hasonló dühvel ugrott közéjük.

The attack was so sudden and clever that Spitz fell off his feet.

A támadás olyan hirtelen és okos volt, hogy Spitz a lábáról leesett.

Pike, who had been shaking, took courage from this defiance.

Pike, aki eddig reszketett, bátorságot merített ebből a dacból.

He leapt on the fallen Spitz, following Buck's bold example.

Ráugrott a földön fekvő Spitzre, Buck merész példáját követve.

Buck, no longer bound by fairness, joined the strike on Spitz.

Buck, akit már nem kötött a tisztesség, csatlakozott a Spitz elleni sztrájkhoz.

François, amused yet firm in discipline, swung his heavy lash.

François, szórakozottan, mégis fegyelmezetten, lesújtott nehéz korbácsával.

He struck Buck with all his strength to break up the fight.

Teljes erejével Buckra ütött, hogy véget vessen a küzdelemnek.

Buck refused to move and stayed atop the fallen leader.

Buck nem volt hajlandó megmozdulni, és a ledőlt vezető tetején maradt.

François then used the whip's handle, hitting Buck hard.

François ezután az ostor nyelével keményen megütötte Buckot.

Staggering from the blow, Buck fell back under the assault.
Buck megtántorodott az ütéstől, és hátraesett a roham alatt.
François struck again and again while Spitz punished Pike.
François újra és újra ütött, miközben Spitz megbüntette Pike-ot.

Days passed, and Dawson City grew nearer and nearer.
Teltek a napok, és Dawson City egyre közelebb ért.
Buck kept interfering, slipping between Spitz and other dogs.
Buck folyton közbeszólt, Spitz és más kutyák közé osonva.
He chose his moments well, always waiting for François to leave.
Jól választotta meg a pillanatait, mindig megvárta, míg François elmegy.
Buck's quiet rebellion spread, and disorder took root in the team.
Buck csendes lázadása elterjedt, és a csapatban rendetlenség vert gyökeret.
Dave and Solleks stayed loyal, but others grew unruly.
Dave és Solleks hűségesek maradtak, de mások engedetlenné váltak.
The team grew worse — restless, quarrelsome, and out of line.
A csapat egyre rosszabb lett – nyugtalanok, veszekedősek és kilógtak a sorból.
Nothing worked smoothly anymore, and fights became common.
Semmi sem működött többé simán, és a verekedések mindennapossá váltak.
Buck stayed at the heart of the trouble, always provoking unrest.
Buck a bajok középpontjában maradt, mindig nyugtalanságot szítva.
François stayed alert, afraid of the fight between Buck and Spitz.
François éber maradt, félt Buck és Spitz verekedésétől.

Each night, scuffles woke him, fearing the beginning finally arrived.

Minden éjjel dulakodás ébresztette fel, attól tartva, hogy végre elérkezik a kezdet.

He leapt from his robe, ready to break up the fight.

Leugrott a köntöséből, készen arra, hogy megszakítsa a harcot.

But the moment never came, and they reached Dawson at last.

De a pillanat sosem jött el, és végre megérkeztek Dawsonba.

The team entered the town one bleak afternoon, tense and quiet.

A csapat egy komor délutánon érkezett a városba, feszülten és csendesen.

The great battle for leadership still hung in the frozen air.

A vezetésért folytatott nagy csata még mindig a fagyos levegőben lógott.

Dawson was full of men and sled-dogs, all busy with work.

Dawson tele volt férfiakkal és szánhúzó kutyákkal, akik mind munkával voltak elfoglalva.

Buck watched the dogs pull loads from morning until night.

Buck reggeltől estig nézte, ahogy a kutyák húzzák a terheket.

They hauled logs and firewood, freighted supplies to the mines.

Rönköt és tűzifát szállítottak, ellátmányt szállítottak a bányákba.

Where horses once worked in the Southland, dogs now labored.

Ahol egykor lovak dolgoztak Délvidéken, ma kutyák fáradoznak.

Buck saw some dogs from the South, but most were wolf-like huskies.

Buck látott néhány délről származó kutyát, de a legtöbbjük farkasszerű husky volt.

At night, like clockwork, the dogs raised their voices in song.

Éjszaka, mint óramű, a kutyák felemelték a hangjukat dalra fakadva.

At nine, at midnight, and again at three, the singing began.

Kilenckor, éjfélkor, majd ismét háromkor elkezdődött az éneklés.

Buck loved joining their eerie chant, wild and ancient in sound.

Buck imádott csatlakozni a hátborzongató, vad és ősi hangzású kántáláshoz.

The aurora flamed, stars danced, and snow blanketed the land.

Az aurora lángolt, a csillagok táncoltak, és hó borította a földet.

The dogs' song rose as a cry against silence and bitter cold.

A kutyák dala kiáltásként harsant fel a csend és a keserves hideg ellen.

But their howl held sorrow, not defiance, in every long note.

De üvöltésük minden hosszú hangjában szomorúság, nem pedig dac volt.

Each wailing cry was full of pleading; the burden of life itself.

Minden jajgató kiáltás könyörgésből állt; magából az élet terhéből.

That song was old—older than towns, and older than fires

Az a dal régi volt – régebbi, mint a városok, és régebbi, mint a tüzek

That song was more ancient even than the voices of men.

Az a dal még az emberi hangoknál is ősibb volt.

It was a song from the young world, when all songs were sad.

Egy dal volt a fiatal világból, amikor minden dal szomorú volt.

The song carried sorrow from countless generations of dogs.

A dal számtalan kutyageneráció bánatát hordozta magában.

Buck felt the melody deeply, moaning from pain rooted in the ages.

Buck mélyen érezte a dallamot, a korokba gyökerező fájdalomtól nyögött.

He sobbed from a grief as old as the wild blood in his veins.

Olyan bánattól zokogott, amely olyan régi volt, mint az ereiben csörgedező vér.

The cold, the dark, and the mystery touched Buck's soul.

A hideg, a sötétség és a rejtély megérintette Buck lelkét.

That song proved how far Buck had returned to his origins.

Ez a dal bizonyította, mennyire visszatért Buck a gyökereihez.

Through snow and howling he had found the start of his own life.

Hóesésben és üvöltésben találta meg saját élete kezdetét.

Seven days after arriving in Dawson, they set off once again.

Hét nappal Dawsonba érkezésük után ismét útra keltek.

The team dropped from the Barracks down to the Yukon Trail.

A csapat a laktanyából leugrott a Yukon ösvényre.

They began the journey back toward Dyea and Salt Water.

Megkezdték útjukat vissza Dyea és Sósvíz felé.

Perrault carried dispatches even more urgent than before.

Perrault még sürgősebb szállítmányokat szállított, mint korábban.

He was also seized by trail pride and aimed to set a record.

Emellett elfogta a túraösvényekre való odafigyelés, és rekordot akart felállítani.

This time, several advantages were on Perrault's side.

Ezúttal számos előny Perrault oldalán állt.

The dogs had rested for a full week and regained their strength.

A kutyák egy teljes hetet pihentek és visszanyerték erejüket.

The trail they had broken was now hard-packed by others.

Az általuk kitaposott ösvényt most mások tömörítették keményre.

In places, police had stored food for dogs and men alike.

Helyenként a rendőrök kutyáknak és férfiaknak egyaránt tároltak élelmet.

Perrault traveled light, moving fast with little to weigh him down.

Perrault könnyen utazott, gyorsan mozgott, kevés teher nehezedett rá.

They reached Sixty-Mile, a fifty-mile run, by the first night.
Az első éjszakára elérték a Hatvan Mérföldet, egy ötven mérföldes futást.

On the second day, they rushed up the Yukon toward Pelly.
A második napon rohantak felfelé a Yukonon Pelly felé.

But such fine progress came with much strain for François.
De ez a szép előrehaladás nagy megterheléssel járt François számára.

Buck's quiet rebellion had shattered the team's discipline.
Buck csendes lázadása megrengette a csapat fegyelmét.

They no longer pulled together like one beast in the reins.
Már nem húzódtak össze, mint egy fenevad a gyeplőben.

Buck had led others into defiance through his bold example.
Buck merész példájával másokat is dacolásra késztetett.

Spitz's command was no longer met with fear or respect.
Spitz parancsát már nem fogadták félelemmel vagy tisztelettel.

The others lost their awe of him and dared to resist his rule.
A többiek elvesztették iránta való félelmüket, és szembe mertek szállni az uralmával.

One night, Pike stole half a fish and ate it under Buck's eye.
Egyik este Pike ellopott egy fél halat, és Buck szeme láttára megette.

Another night, Dub and Joe fought Spitz and went unpunished.
Egy másik este Dub és Joe megküzdöttek Spitz-cel, és büntetlenül maradtak.

Even Billee whined less sweetly and showed new sharpness.
Még Billee is kevésbé édesen nyafogott, és új élességet mutatott.

Buck snarled at Spitz every time they crossed paths.
Buck minden alkalommal Spitzre vicsorgott, valahányszor keresztezték egymás útját.

Buck's attitude grew bold and threatening, nearly like a bully.
Buck viselkedése merész és fenyegető lett, szinte zsarnoki.

He paced before Spitz with a swagger, full of mocking menace.

Hencegve, gúnyos fenyegetéssel járkált Spitz előtt.

That collapse of order also spread among the sled-dogs.

A rend felbomlása a szánhúzó kutyák között is elterjedt.

They fought and argued more than ever, filling camp with noise.

Többet veszekedtek és vitatkoztak, mint valaha, zajongással töltve meg a tábort.

Camp life turned into a wild, howling chaos each night.

A tábori élet minden este vad, üvöltő káoszba fordult.

Only Dave and Solleks remained steady and focused.

Csak Dave és Solleks maradtak nyugodtak és koncentráltak.

But even they became short-tempered from the constant brawls.

De még ők is dühösek lettek az állandó verekedésektől.

François cursed in strange tongues and stomped in frustration.

François furcsa nyelveken káromkodott és dühösen toporgott.

He tore at his hair and shouted while snow flew underfoot.

A haját tépte és kiabált, miközben a hó repült a lába alatt.

His whip snapped across the pack but barely kept them in line.

Ostorával átcsapott a csapat, de alig tartotta őket egy vonalban.

Whenever his back was turned, the fighting broke out again.

Valahányszor hátat fordított, újra kitört a harc.

François used the lash for Spitz, while Buck led the rebels.

François korbácsütést mért Spitzre, míg Buck vezette a lázadókat.

Each knew the other's role, but Buck avoided any blame.

Mindketten tudták a másik szerepét, de Buck kerülte a hibáztatást.

François never caught Buck starting a fight or shirking his job.

François soha nem kapta rajta Buckot verekedés kezdeményezésén vagy a munkájának elhanyagolásán.

Buck worked hard in harness—the toil now thrilled his spirit.

Buck keményen dolgozott hámban – a fáradság most már a lelkét is felpezsdítette.

But he found even more joy in stirring fights and chaos in camp.

De még nagyobb örömet talált a táborban zajló verekedések és káosz szításában.

At the Tahkeena's mouth one evening, Dub startled a rabbit.

Egyik este a Tahkeena torkolatánál Dub megijesztett egy nyulat.

He missed the catch, and the snowshoe rabbit sprang away.

Elvétette a fogást, és a hótalpas nyúl elszaladt.

In seconds, the entire sled team gave chase with wild cries.

Másodperceken belül az egész szánkócsapat vad kiáltásokkal üldözőbe vette őket.

Nearby, a Northwest Police camp housed fifty husky dogs.

A közelben egy északnyugati rendőrségi tábor ötven husky kutyát tartott fenn.

They joined the hunt, surging down the frozen river together.

Csatlakoztak a vadászathoz, együtt hömpölyögtek lefelé a befagyott folyón.

The rabbit turned off the river, fleeing up a frozen creek bed.

A nyúl letért a folyóról, és egy befagyott patakmederben menekült felfelé.

The rabbit skipped lightly over snow while the dogs struggled through.

A nyúl könnyedén szökdécselt a havon, miközben a kutyák küzdöttek vele.

Buck led the massive pack of sixty dogs around each twisting bend.

Buck a hatvan kutyából álló hatalmas csapatot minden kanyarban körbevezette.

He pushed forward, low and eager, but could not gain ground.

Alacsonyan és lelkesen nyomult előre, de nem tudott előrébb jutni.

His body flashed under the pale moon with each powerful leap.

Teste minden erőteljes ugrásnál megcsillant a sápadt holdfényben.

Ahead, the rabbit moved like a ghost, silent and too fast to catch.

Előttük a nyúl szellemként mozgott, hangtalanul és túl gyorsan ahhoz, hogy elkapják.

All those old instincts—the hunger, the thrill—rushed through Buck.

Azok a régi ösztönök – az éhség, az izgalom – végigsöpörtek Buckon.

Humans feel this instinct at times, driven to hunt with gun and bullet.

Az emberek időnként érzik ezt az ösztönt, és fegyverrel, golyóval vadásznak.

But Buck felt this feeling on a deeper and more personal level.

De Buck ezt az érzést mélyebb és személyesebb szinten érezte.

They could not feel the wild in their blood the way Buck could feel it.

Nem érezték a vadságot a vérükben úgy, ahogy Buck érezte.

He chased living meat, ready to kill with his teeth and taste blood.

Élő húst kergetett, készen arra, hogy fogaival öljön és vért kóstoljon.

His body strained with joy, wanting to bathe in warm red life.

Teste örömtől feszült, meleg, vörös életben akart fürödni.

A strange joy marks the highest point life can ever reach.

Egy különös öröm jelzi az élet legmagasabb pontját.

The feeling of a peak where the living forget they are even alive.

Egy olyan csúcs érzése, ahol az élők elfelejtik, hogy egyáltalán élnek.

This deep joy touches the artist lost in blazing inspiration.

Ez a mély öröm megérinti a lángoló ihletben elveszett művészt.

This joy seizes the soldier who fights wildly and spares no foe.

Ez az öröm elfogja a katonát, aki vadul harcol és nem kíméli az ellenséget.

This joy now claimed Buck as he led the pack in primal hunger.

Ez az öröm most Buckot ragadta magával, miközben ősi éhséggel vezette a falkát.

He howled with the ancient wolf-cry, thrilled by the living chase.

Az ősi farkaskiáltással vonyított, izgatottan az élő üldözéstől.

Buck tapped into the oldest part of himself, lost in the wild.

Buck önmaga legősibb részét fedezte fel, elveszve a vadonban.

He reached deep within, past memory, into raw, ancient time.

Mélyen belülre nyúlt, az emlékeken túlra, a nyers, ősi időbe.

A wave of pure life surged through every muscle and tendon.

A tiszta élet hulláma áradt szét minden izmában és ínjában.

Each leap shouted that he lived, that he moved through death.

Minden ugrás azt üzente, hogy él, hogy átjutott a halálon.

His body soared joyfully over still, cold land that never stirred.

Teste vidáman szállt a mozdulatlan, hideg, meg sem rezdült föld felett.

Spitz stayed cold and cunning, even in his wildest moments.

Spitz még a legvadabb pillanataiban is hideg és ravasz maradt.

He left the trail and crossed land where the creek curved wide.

Letért az ösvényről, és átkelt egy olyan területen, ahol a patak szélesre kanyarodott.

Buck, unaware of this, stayed on the rabbit's winding path.

Buck, mit sem sejtve erről, a nyúl kanyargós ösvényén maradt.

Then, as Buck rounded a bend, the ghost-like rabbit was before him.

Aztán, ahogy Buck befordult egy kanyarban, a szellemszerű nyúl ott termett előtte.

He saw a second figure leap from the bank ahead of the prey.

Látta, hogy egy második alak ugrik le a partról, megelőzve a zsákmányt.

The figure was Spitz, landing right in the path of the fleeing rabbit.

Az alak Spitz volt, aki pont a menekülő nyúl útjába landolt.

The rabbit could not turn and met Spitz's jaws in mid-air.

A nyúl nem tudott megfordulni, és a levegőben Spitz állkapcsába ütközött.

The rabbit's spine broke with a shriek as sharp as a dying human's cry.

A nyúl gerince egy haldokló ember kiáltásához hasonló éles sikoly kíséretében eltört.

At that sound — the fall from life to death — the pack howled loud.

Arra a hangra – az életből a halálba zuhanásra – a falka hangosan felüvöltött.

A savage chorus rose from behind Buck, full of dark delight.

Egy vad kórus emelkedett fel Buck mögött, tele sötét gyönyörűséggel.

Buck gave no cry, no sound, and charged straight into Spitz.

Buck nem kiáltott, egyetlen hangot sem adott ki, egyenesen Spitznek rohant.

He aimed for the throat, but struck the shoulder instead.

A torkot célozta meg, de ehelyett a vállát találta el.

They tumbled through soft snow; their bodies locked in combat.

Puha hóban bukfenceztek; testük harcba merült.

Spitz sprang up quickly, as if never knocked down at all.

Spitz gyorsan felugrott, mintha soha nem is döngölték volna le.

He slashed Buck's shoulder, then leaped clear of the fight.

Megvágta Buck vállát, majd kiugrott a küzdelemből.

Twice his teeth snapped like steel traps, lips curled and fierce.

Kétszer is csattant a foga, mint az acélcsapda, ajkai vadra húzódtak.

He backed away slowly, seeking firm ground under his feet.

Lassan hátrált, szilárd talajt keresve a lába alatt.

Buck understood the moment instantly and fully.

Buck azonnal és teljesen megértette a pillanatot.

The time had come; the fight was going to be a fight to the death.

Elérkezett az idő; a harc élet-halál harc lesz.

The two dogs circled, growling, ears flat, eyes narrowed.

A két kutya morogva, lelapult fülekkel, összeszűkült szemekkel körözött.

Each dog waited for the other to show weakness or misstep.

Mindegyik kutya arra várt, hogy a másik gyengeséget vagy hibát mutasson.

To Buck, the scene felt eerily known and deeply remembered.

Buck számára a jelenet hátborzongatóan ismerősnek és mélyen emlékezetesnek tűnt.

The white woods, the cold earth, the battle under moonlight.

A fehér erdők, a hideg föld, a holdfényben vívott csata.

A heavy silence filled the land, deep and unnatural.

Nehéz csend töltötte be a tájat, mély és természetellenes csend.

No wind stirred, no leaf moved, no sound broke the stillness.

Szél sem rezdült, levél sem mozdult, hang sem törte meg a csendet.

The dogs' breaths rose like smoke in the frozen, quiet air.

A kutyák lehelete füstként emelkedett a fagyos, csendes levegőben.

The rabbit was long forgotten by the pack of wild beasts.

A nyulat rég elfelejtette a vadállatok falkája.

These half-tamed wolves now stood still in a wide circle.

Ezek a félig megszelídített farkasok most mozdulatlanul álltak széles körben.

They were quiet, only their glowing eyes revealed their hunger.

Csendben voltak, csak izzó szemük árulkodott az éhségükről.

Their breath drifted upward, watching the final fight begin.

Felfelé lélegzetelállítóan nézték a végső küzdelem kezdetét.

To Buck, this battle was old and expected, not strange at all.

Buck számára ez a csata régi és várható volt, egyáltalán nem furcsa.

It felt like a memory of something always meant to happen.

Olyan volt, mint valaminek az emléke, aminek mindig is meg kellett történnie.

Spitz was a trained fighting dog, honed by countless wild brawls.

Spitz egy kiképzett harci kutya volt, akit számtalan vad verekedés csiszolt.

From Spitzbergen to Canada, he had mastered many foes.

A Spitzbergáktól Kanadáig számos ellenféllel győzött le.

He was filled with fury, but never gave control to rage.

Tele volt dühvel, de sosem adta át az irányítást a dühöngésnek.

His passion was sharp, but always tempered by hard instinct.

Szenvedélye éles volt, de mindig kemény ösztön mérsékelte.

He never attacked until his own defense was in place.

Soha nem támadott, amíg a saját védekezése a helyén nem volt.

Buck tried again and again to reach Spitz's vulnerable neck.

Buck újra meg újra megpróbálta elérni Spitz sebezhető nyakát.

But every strike was met by a slash from Spitz's sharp teeth.

De minden csapást Spitz éles fogai hasítással fogadtak.

Their fangs clashed, and both dogs bled from torn lips.

Agyarak összecsaptak, és mindkét kutya vérzett a felszakadt ajkakból.

No matter how Buck lunged, he couldn't break the defense.

Hiába tört rá Buck, nem tudta áttörni a védelmet.

He grew more furious, rushing in with wild bursts of power.

Egyre dühösebb lett, vad erőkitörésekkel rohant előre.

Again and again, Buck struck for the white throat of Spitz.

Buck újra meg újra Spitz fehér torkára csapott le.

Each time Spitz evaded and struck back with a slicing bite.

Spitz minden alkalommal kitért, és egy metsző harapással vágott vissza.

Then Buck shifted tactics, rushing as if for the throat again.

Aztán Buck taktikát váltott, és úgy rohant, mintha ismét a torkának csapna.

But he pulled back mid-attack, turning to strike from the side.

De támadás közben visszahúzódott, és oldalról támadott.

He threw his shoulder into Spitz, aiming to knock him down.

A vállával Spitznek vágta, azzal a céllal, hogy leüsse.

Each time he tried, Spitz dodged and countered with a slash.

Spitz minden alkalommal kitért, amikor megpróbálta, és egy csapással válaszolt.

Buck's shoulder grew raw as Spitz leapt clear after every hit.

Buck válla felsírt, ahogy Spitz minden ütés után elhúzódott.

Spitz had not been touched, while Buck bled from many wounds.

Spitzhez senki sem nyúlt, míg Buck számos sebből vérzett.

Buck's breath came fast and heavy, his body slick with blood.

Buck lélegzete gyors és nehéz volt, teste vértől ázott.

The fight turned more brutal with each bite and charge.

A harc minden egyes harapással és rohammal egyre brutálisabbá vált.

Around them, sixty silent dogs waited for the first to fall.

Körülöttük hatvan néma kutya várta az első elesést.

If one dog dropped, the pack were going to finish the fight.

Ha egy kutya elesik, a falka befejezi a harcot.

Spitz saw Buck weakening, and began to press the attack.

Spitz látta, hogy Buck gyengül, és támadásba lendült.

He kept Buck off balance, forcing him to fight for footing.

Kibillentette az egyensúlyából Buckot, ami miatt küzdenie kellett a talpon maradásért.

Once Buck stumbled and fell, and all the dogs rose up.

Buck egyszer megbotlott és elesett, mire az összes kutya felállt.

But Buck righted himself mid-fall, and everyone sank back down.

De Buck zuhanás közben kiegyenesedett, és mindenki visszasüppedt.

Buck had something rare—imagination born from deep instinct.

Bucknak volt valami ritka tulajdonsága – mély ösztönből született képzelőereje.

He fought by natural drive, but he also fought with cunning.

Természetes ösztönnel harcolt, de ravaszsággal is.

He charged again as if repeating his shoulder attack trick.

Újra rohamra kelt, mintha megismételné a válltámadás trükkjét.

But at the last second, he dropped low and swept beneath Spitz.

De az utolsó pillanatban leugrott, és Spitz alá került.

His teeth locked on Spitz's front left leg with a snap.

Fogai egy csattanással akadtak össze Spitz bal mellső lábán.

Spitz now stood unsteady, his weight on only three legs.

Spitz most bizonytalanul állt, testsúlya mindössze három lábon nyugodott.

Buck struck again, tried three times to bring him down.

Buck ismét lecsapott, háromszor próbálta leteríteni.

On the fourth attempt he used the same move with success

A negyedik próbálkozásra ugyanazt a mozdulatot alkalmazta sikerrel.

This time Buck managed to bite the right leg of Spitz.

Ezúttal Bucknak sikerült Spitz jobb lábát megharapnia.

Spitz, though crippled and in agony, kept struggling to survive.

Spitz, bár nyomorék és kínok között volt, továbbra is küzdött a túlélésért.

He saw the circle of huskies tighten, tongues out, eyes glowing.

Látta, ahogy a huskyk köre egyre szorosabbra húzódik, kinyújtott nyelvekkel, izzó szemekkel.

They waited to devour him, just as they had done to others.

Arra vártak, hogy felfalhassák, ahogyan másokkal is tették.

This time, he stood in the center; defeated and doomed.

Ezúttal középen állt; legyőzötten és kudarcra ítélve.

There was no option to escape for the white dog now.

A fehér kutyának most már nem volt lehetősége elmenekülni.

Buck showed no mercy, for mercy did not belong in the wild.

Buck nem mutatott irgalmat, mert az irgalom nem a vadonban való.

Buck moved carefully, setting up for the final charge.

Buck óvatosan mozgott, felkészülve az utolsó rohamra.

The circle of huskies closed in; he felt their warm breaths.

A huskyk köre egyre közelebb ért; érezte meleg leheletüket.

They crouched low, prepared to spring when the moment came.

Leguggoltak, készen arra, hogy ugorjanak, ha eljön a pillanat.

Spitz quivered in the snow, snarling and shifting his stance.

Spitz remegett a hóban, vicsorgott és változtatott az állásán.

His eyes glared, lips curled, teeth flashing in desperate threat.

Szemei lángoltak, ajkai felkunkorodtak, fogai kétségbeesett fenyegetésként villogtak.

He staggered, still trying to hold off the cold bite of death.

Megtántorodott, még mindig próbálta visszatartani a halál hideg csípését.

He had seen this before, but always from the winning side.

Látott már ilyet korábban, de mindig a győztes oldalról.

Now he was on the losing side; the defeated; the prey; death.

Most a vesztes oldalon állt; a legyőzött; a préda; a halál.

Buck circled for the final blow, the ring of dogs pressed closer.

Buck az utolsó csapásra várva körözött, a kutyák gyűrűje egyre közelebb nyomult.

He could feel their hot breaths; ready for the kill.

Érezte forró leheletüket; készen álltak a gyilkolásra.

A stillness fell; all was in its place; time had stopped.

Csend lett; minden a helyén volt; megállt az idő.

Even the cold air between them froze for one last moment.

Még a köztük lévő hideg levegő is megfagyott egy utolsó pillanatra.

Only Spitz moved, trying to hold off his bitter end.

Csak Spitz mozdult, próbálta visszafogni keserű végét.

The circle of dogs was closing in around him, as was his destiny.

A kutyák köre egyre szűkült körülötte, ahogy a sorsa is.

He was desperate now, knowing what was about to happen.

Most már kétségbeesett volt, tudta, mi fog történni.

Buck sprang in, shoulder met shoulder one last time.

Buck előreugrott, válla még utoljára összeért.

The dogs surged forward, covering Spitz in the snowy dark.

A kutyák előretörtek, fedezve Spitzet a havas sötétségben.

Buck watched, standing tall; the victor in a savage world.

Buck egyenesen állva figyelte őket; a győztes egy vad világban.

The dominant primordial beast had made its kill, and it was good.

Az uralkodó ősállat begyűjtette a zsákmányát, és ez jó volt.

He, Who Has Won to Mastership
Aki elnyerte a mesteri címet

"Eh? What did I say? I speak true when I say Buck is a devil."

„Hé? Mit mondtam? Igazat mondok, amikor azt mondom, hogy Buck egy ördög."

François said this the next morning after finding Spitz missing.

François ezt másnap reggel mondta, miután Spitz eltűntnek bizonyult.

Buck stood there, covered with wounds from the vicious fight.

Buck ott állt, tele sebekkel a kegyetlen küzdelem nyomaiból.

François pulled Buck near the fire and pointed at the injuries.

François a tűzhöz húzta Buckot, és a sérüléseire mutatott.

"That Spitz fought like the Devik," said Perrault, eyeing the deep gashes.

– Az a Spitz úgy harcolt, mint a Devik – mondta Perrault, a mély sebeket nézve.

"And that Buck fought like two devils," François replied at once.

– És hogy Buck úgy harcolt, mint két ördög – felelte azonnal François.

"Now we will make good time; no more Spitz, no more trouble."

„Most már jó úton haladunk; nincs több Spitz, nincs több baj."

Perrault was packing the gear and loaded the sled with care.

Perrault pakolgatta a felszerelést, és gondosan megrakta a szánt.

François harnessed the dogs in preparation for the day's run.

François befogta a kutyákat, hogy felkészüljön a napi futásra.

Buck trotted straight to the lead position once held by Spitz.

Buck egyenesen a Spitz által korábban megtartott vezető pozícióba ügetett.

But François, not noticing, led Solleks forward to the front.

De François, mit sem törődve ezzel, előre vezette Solleks-et.

In François's judgment, Solleks was now the best lead-dog.

François megítélése szerint Solleks volt most a legjobb vezetőkutya.

Buck sprang at Solleks in fury and drove him back in protest.

Buck dühösen ráugrott Solleksre, és tiltakozásul visszaverte.

He stood where Spitz once had stood, claiming the lead position.

Ott állt, ahol egykor Spitz állt, és átvette a vezető pozíciót.

"Eh? Eh?" cried François, slapping his thighs in amusement.

– Hé? Hé? – kiáltotta François, és szórakozottan a combjára csapott.

"Look at Buck—he killed Spitz, now he wants to take the job!"

„Nézd csak Buckot! Ő ölte meg Spitzet, most meg el akarja vállalni a munkát!"

"Go away, Chook!" he shouted, trying to drive Buck away.

„Menj el, Chook!" – kiáltotta, miközben megpróbálta elkergetni Buckot.

But Buck refused to move and stood firm in the snow.

De Buck nem volt hajlandó megmozdulni, és szilárdan állt a hóban.

François grabbed Buck by the scruff, dragging him aside.

François megragadta Buckot a tarkójánál fogva, és félrerántotta.

Buck growled low and threateningly but did not attack.

Buck halkan és fenyegetően morgott, de nem támadott.

François put Solleks back in the lead, trying to settle the dispute

François visszaszerezte a vezetést Solleksnek, megpróbálva rendezni a vitát

The old dog showed fear of Buck and didn't want to stay.

Az öreg kutya félt Bucktól, és nem akart maradni.

When François turned his back, Buck drove Solleks out again.

Amikor François hátat fordított, Buck ismét kiűzte Solleks-et.

Solleks did not resist and quietly stepped aside once more.
Solleks nem ellenkezett, és csendben ismét félreállt.
François grew angry and shouted, "By God, I fix you!"
François dühös lett, és felkiáltott: „Istenemre,
meggyógyítalak!"
He came toward Buck holding a heavy club in his hand.
Egy nehéz bunkót tartva a kezében, Buck felé közeledett.
Buck remembered the man in the red sweater well.
Buck jól emlékezett a piros pulóveres férfira.
**He retreated slowly, watching François, but growling
deeply.**
Lassan hátrált, François-t figyelve, de mélyet morgott.
He did not rush back, even when Solleks stood in his place.
Nem sietett vissza, még akkor sem, amikor Solleks állt a
helyén.
Buck circled just beyond reach, snarling in fury and protest.
Buck elérhetetlen távolságban körözött, dühösen és tiltakozva
vicsorgott.
**He kept his eyes on the club, ready to dodge if François
threw.**
A klubra szegezte a szemét, készen arra, hogy kitérjen, ha
François dobna.
**He had grown wise and wary in the ways of men with
weapons.**
Bölcs és óvatos lett a fegyveres emberekkel szemben.
François gave up and called Buck to his former place again.
François feladta, és visszahívta Buckot a korábbi helyére.
**But Buck stepped back cautiously, refusing to obey the
order.**
De Buck óvatosan hátrébb lépett, és nem volt hajlandó
engedelmeskedni a parancsnak.
François followed, but Buck only retreated a few steps more.
François követte, de Buck csak néhány lépést hátrált még.
**After some time, François threw the weapon down in
frustration.**
Egy idő után François dühösen elhajította a fegyvert.

He thought Buck feared a beating and was going to come quietly.

Azt gondolta, Buck fél a veréstől, és csendben fog jönni.

But Buck wasn't avoiding punishment—he was fighting for rank.

De Buck nem a büntetés elől menekült – a rangjáért küzdött.

He had earned the lead-dog spot through a fight to the death

Halálos küzdelemmel érdemelte ki a vezető kutya pozíciót

he was not going to settle for anything less than being the leader.

Nem fog megelégedni kevesebbel, mint hogy vezető legyen.

Perrault took a hand in the chase to help catch the rebellious Buck.

Perrault besegített az üldözésbe, hogy segítsen elkapni a lázadó Buckot.

Together, they ran him around the camp for nearly an hour.

Együtt futkostak vele a táborban közel egy órán át.

They hurled clubs at him, but Buck dodged each one skillfully.

Bunkókkal dobálták meg, de Buck ügyesen kikerülte mindegyiket.

They cursed him, his ancestors, his descendants, and every hair on him.

Átkozták őt, őseit, leszármazottait és minden egyes hajszálát.

But Buck only snarled back and stayed just out of their reach.

De Buck csak vicsorgott vissza, és pont annyira maradt, hogy ne érhessék el.

He never tried to run away but circled the camp deliberately.

Soha nem próbált elfutni, hanem szándékosan körbejárta a tábort.

He made it clear he was going to obey once they gave him what he wanted.

Világossá tette, hogy engedelmeskedni fog, amint megkapja, amit akar.

François finally sat down and scratched his head in frustration.

François végül leült, és dühösen megvakarta a fejét.

Perrault checked his watch, swore, and muttered about lost time.

Perrault ránézett az órájára, káromkodott, és az elveszfegetett időről motyogott.

An hour had already passed when they should have been on the trail.

Már eltelt egy óra, amikor már az ösvényen kellett volna lenniük.

François shrugged sheepishly at the courier, who sighed in defeat.

François szégyenlősen vállat vont a futár felé, aki legyőzötten felsóhajtott.

Then François walked to Solleks and called out to Buck once more.

Aztán François odament Sollekshez, és ismét Buckot szólította.

Buck laughed like a dog laughs, but kept his cautious distance.

Buck úgy nevetett, mint egy kutya, de óvatos távolságot tartott.

François removed Solleks's harness and returned him to his spot.

François levette Solleks hámját, és visszavitte a helyére.

The sled team stood fully harnessed, with only one spot unfilled.

A szánkócsapat teljes felszerelésben állt, csak egy hely volt betöltetlen.

The lead position remained empty, clearly meant for Buck alone.

A vezető pozíció üresen maradt, egyértelműen csak Bucknak szánták.

François called again, and again Buck laughed and held his ground.

François újra szólt, Buck pedig ismét nevetett és kitartott.

"Throw down the club," Perrault ordered without hesitation.

– Dobd le a botot! – parancsolta Perrault habozás nélkül.

François obeyed, and Buck immediately trotted forward proudly.

François engedelmeskedett, Buck pedig azonnal büszkén előreügetett.

He laughed triumphantly and stepped into the lead position.

Diadalmasan felnevetett, és átvette a vezető helyet.

François secured his traces, and the sled was broken loose.

François biztosította a nyomait, és a szánt elengedték.

Both men ran alongside as the team raced onto the river trail.

Mindkét férfi egymás mellett futott, miközben a csapat a folyó menti ösvényre rohant.

François had thought highly of Buck's "two devils,"

François nagyra tartotta Buck „két ördögét",

but he soon realized he had actually underestimated the dog.

de hamarosan rájött, hogy valójában alábecsülte a kutyát.

Buck quickly assumed leadership and performed with excellence.

Buck gyorsan átvette a vezetést, és kiválóan teljesített.

In judgment, quick thinking, and fast action, Buck surpassed Spitz.

Ítéletben, gyors gondolkodásban és gyors cselekvésben Buck felülmúlta Spitzet.

François had never seen a dog equal to what Buck now displayed.

François még soha nem látott olyan kutyát, mint amilyennek Buck most mutatta magát.

But Buck truly excelled in enforcing order and commanding respect.

De Buck valóban jeleskedett a rendfenntartásban és a tisztelet kivívásában.

Dave and Solleks accepted the change without concern or protest.

Dave és Solleks aggodalom vagy tiltakozás nélkül elfogadták a változást.

They focused only on work and pulling hard in the reins.

Csak a munkára és a gyeplő kemény húzására koncentráltak.

They cared little who led, so long as the sled kept moving.

Nem törődtek azzal, ki vezet, amíg a szán mozog.

Billee, the cheerful one, could have led for all they cared.

Billee, a vidám lány, akár vezethetett volna is, mindegy volt nekik.

What mattered to them was peace and order in the ranks.

Ami számított nekik, az a sorokban uralkodó béke és rend volt.

The rest of the team had grown unruly during Spitz's decline.

A csapat többi tagja Spitz hanyatlása alatt rakoncátlanná vált.

They were shocked when Buck immediately brought them to order.

Megdöbbentek, amikor Buck azonnal rendet teremtett bennük.

Pike had always been lazy and dragging his feet behind Buck.

Pike mindig is lusta volt, és csak húzta a lábát Buck után.

But now was sharply disciplined by the new leadership.

De most az új vezetés keményen megfegyelmezte.

And he quickly learned to pull his weight in the team.

És gyorsan megtanulta, hogyan érvényesítse a súlyát a csapatban.

By the end of the day, Pike worked harder than ever before.

A nap végére Pike keményebben dolgozott, mint valaha.

That night in camp, Joe, the sour dog, was finally subdued.

Azon az estén a táborban Joe-t, a savanyú kutyát végre sikerült lecsillapítani.

Spitz had failed to discipline him, but Buck did not fail.

Spitz nem tudta megfegyelmezni, de Buck nem vallott kudarcot.

Using his greater weight, Buck overwhelmed Joe in seconds.

Nagyobb súlyát felhasználva Buck másodpercek alatt legyűrte Joe-t.

He bit and battered Joe until he whimpered and ceased resisting.

Addig harapdálta és ütötte Joe-t, amíg az felnyögött és felhagyott az ellenállással.

The whole team improved from that moment on.

Az egész csapat attól a pillanattól kezdve fejlődött.

The dogs regained their old unity and discipline.

A kutyák visszanyerték régi egységüket és fegyelmüket.

At Rink Rapids, two new native huskies, Teek and Koona, joined.

Rink Rapidsnél két új őshonos husky, Teek és Koona csatlakozott.

Buck's swift training of them astonished even François.

Buck gyors kiképzése még François-t is megdöbbentette.

"Never was there such a dog as that Buck!" he cried in amazement.

„Soha nem volt még ilyen kutya, mint ez a Buck!" – kiáltotta ámulva.

"No, never! He's worth one thousand dollars, by God!"

„Nem, soha! Istenemre mondom, ezer dollárt ér!"

"Eh? What do you say, Perrault?" he asked with pride.

– Hm? Mit szólsz ehhez, Perrault? – kérdezte büszkén.

Perrault nodded in agreement and checked his notes.

Perrault egyetértően bólintott, és átnézte a jegyzeteit.

We're already ahead of schedule and gaining more each day.

Már most megelőzzük a tervezettet, és napról napra többet nyerünk.

The trail was hard-packed and smooth, with no fresh snow.

Az ösvény keményre döngölt és sima volt, friss hó nem esett.

The cold was steady, hovering at fifty below zero throughout.

Állandó volt a hideg, végig ötven fok körül alakult.

The men rode and ran in turns to keep warm and make time.

A férfiak felváltva lovagoltak és futottak, hogy melegen tartsák magukat és időt nyerjenek.

The dogs ran fast with few stops, always pushing forward.

A kutyák gyorsan futottak, kevés megállást követően, mindig előre nyomulva.

The Thirty Mile River was mostly frozen and easy to travel across.

A Harminc Mérföld folyó nagy része be volt fagyva, és könnyen átkelhetett rajta.

They went out in one day what had taken ten days coming in.

Egy nap alatt mentek ki, míg visszafelé tíz napig tartott.

They made a sixty-mile dash from Lake Le Barge to White Horse.

Hatvan mérföldes száguldást tettek meg a Le Barge-tótól White Horse-ig.

Across Marsh, Tagish, and Bennett Lakes they moved incredibly fast.

Hihetetlenül gyorsan haladtak a Marsh, Tagish és Bennett tavakon át.

The running man towed behind the sled on a rope.

A futó férfi kötélen vontatta a szánkót.

On the last night of week two they got to their destination.

A második hét utolsó estéjén megérkeztek úti céljukhoz.

They had reached the top of White Pass together.

Együtt érték el a White Pass csúcsát.

They dropped down to sea level with Skaguay's lights below them.

A tenger szintjére ereszkedtek, alattuk Skaguay fényei világítottak.

It had been a record-setting run across miles of cold wilderness.

Rekorddöntő futás volt a hideg vadon mérföldjein át.

For fourteen days straight, they averaged a strong forty miles.

Tizennégy napon keresztül átlagosan negyven mérföldet tettek meg.

In Skaguay, Perrault and François moved cargo through town.

Skaguay-ban Perrault és François rakományt szállítottak a városon keresztül.

They were cheered and offered many drinks by admiring crowds.

A csodáló tömeg éljenezte őket, és sok italt kínált nekik.

Dog-busters and workers gathered around the famous dog team.

Kutyavadászok és munkások gyűltek össze a híres kutyás csapat körül.

Then western outlaws came to town and met violent defeat.

Ezután nyugati törvényen kívüliek érkeztek a városba, és erőszakos vereséget szenvedtek.

The people soon forgot the team and focused on new drama.

Az emberek hamarosan elfelejtették a csapatot, és új drámákra koncentráltak.

Then came the new orders that changed everything at once.

Aztán jöttek az új parancsok, amelyek egyszerre mindent megváltoztattak.

François called Buck to him and hugged him with tearful pride.

François magához hívta Buckot, és könnyes büszkeséggel ölelte át.

That moment was the last time Buck ever saw François again.

Ez volt az utolsó alkalom, hogy Buck újra látta François-t.

Like many men before, both François and Perrault were gone.

Sok más férfihoz hasonlóan François és Perrault is eltűntek.

A Scotch half-breed took charge of Buck and his sled dog teammates.

Egy skót félvér vette át Buck és szánhúzó kutyáinak irányítását.

With a dozen other dog teams, they returned along the trail to Dawson.

Egy tucat másik kutyafogattal együtt visszatértek a Dawsonba vezető ösvényen.

It was no fast run now—just heavy toil with a heavy load each day.

Most már nem volt gyors futás – csak nehéz kínlódás, nehéz
teherrel minden nap.

**This was the mail train, bringing word to gold hunters near
the Pole.**

Ez volt a postavonat, amely hírt vitt az Északi-sark közelében
lévő aranyvadászoknak.

**Buck disliked the work but bore it well, taking pride in his
effort.**

Buck nem szerette a munkát, de jól viselte, büszke volt az
erőfeszítésére.

**Like Dave and Solleks, Buck showed devotion to every daily
task.**

Dave-hez és Sollekshez hasonlóan Buck is odaadással végezte
minden napi feladatát.

He made sure his teammates each pulled their fair weight.

Gondoskodott róla, hogy csapattársai mindannyian a rájuk
bízott feladatokat végezzék.

**Trail life became dull, repeated with the precision of a
machine.**

Az ösvényes élet unalmassá vált, gépi pontossággal
ismétlődött.

Each day felt the same, one morning blending into the next.

Minden nap ugyanolyannak tűnt, az egyik reggel beleolvadt a
másikba.

**At the same hour, the cooks rose to build fires and prepare
food.**

Ugyanebben az órában a szakácsok is felkeltek, hogy tüzet
rakjanak és ételt készítsenek.

**After breakfast, some left camp while others harnessed the
dogs.**

Reggeli után néhányan elhagyták a tábort, míg mások
befogták a kutyákat.

**They hit the trail before the dim warning of dawn touched
the sky.**

Még mielőtt a hajnal halvány figyelmeztetése elérte volna az
eget, elindultak az ösvényen.

At night, they stopped to make camp, each man with a set duty.

Éjszaka megálltak tábort verni, minden embernek meghatározott feladata volt.

Some pitched the tents, others cut firewood and gathered pine boughs.

Néhányan sátrakat vertek, mások tűzifát vágtak és fenyőágakat gyűjtöttek.

Water or ice was carried back to the cooks for the evening meal.

Vizet vagy jeget vittek vissza a szakácsoknak vacsorára.

The dogs were fed, and this was the best part of the day for them.

A kutyákat megetették, és ez volt a nap legszebb része számukra.

After eating fish, the dogs relaxed and lounged near the fire.

Miután elfogyasztották a halat, a kutyák pihentek és heverésztek a tűz közelében.

There were a hundred other dogs in the convoy to mingle with.

Száz másik kutya is volt a konvojban, akikkel el lehetett beszélgetni.

Many of those dogs were fierce and quick to fight without warning.

Sok ilyen kutya vad volt és gyorsan verekedni kezdett figyelmeztetés nélkül.

But after three wins, Buck mastered even the fiercest fighters.

De három győzelem után Buck még a legádázabb harcosokat is legyőzte.

Now when Buck growled and showed his teeth, they stepped aside.

Amikor Buck morgott és kivillantotta a fogát, félreálltak.

Perhaps best of all, Buck loved lying near the flickering campfire.

Talán a legjobban Buck imádott a pislákoló tábortűz közelében feküdni.

He crouched with hind legs tucked and front legs stretched ahead.

Leguggolt, hátsó lábait behúzva, első lábait előre nyújtva.

His head was raised as he blinked softly at the glowing flames.

Felemelt fejjel halkan pislogott az izzó lángok felé.

Sometimes he recalled Judge Miller's big house in Santa Clara.

Néha eszébe jutott Miller bíró nagy háza Santa Clarában.

He thought of the cement pool, of Ysabel, and the pug called Toots.

A cementmedencére gondolt, Ysabelre és a Toots nevű mopszra.

But more often he remembered the man with the red sweater's club.

De gyakrabban a piros pulóveres férfi klubjára gondolt.

He remembered Curly's death and his fierce battle with Spitz.

Emlékezett Göndör halálára és a Spitzcel vívott ádáz csatájára.

He also recalled the good food he had eaten or still dreamed of.

Eszébe jutottak azok a finom ételek is, amiket evett, vagy amikről még mindig álmodozott.

Buck was not homesick — the warm valley was distant and unreal.

Buck nem honvágyas volt – a meleg völgy távoli és valószerűtlen volt.

Memories of California no longer held any real pull over him.

Kalifornia emlékei már nem igazán ragadták meg.

Stronger than memory were instincts deep in his bloodline.

Az emlékeinél erősebbek voltak a vérvonalában mélyen rejlő ösztönök.

Habits once lost had returned, revived by the trail and the wild.

Az elveszett szokások visszatértek, az ösvény és a vadon újjáélesztette őket.

As Buck watched the firelight, it sometimes became something else.

Miközben Buck a tűzfényt nézte, az néha valami mássá vált.

He saw in the firelight another fire, older and deeper than the present one.

A tűzfényben egy másik tüzet látott, régebbit és mélyebbet a jelenleginél.

Beside that other fire crouched a man unlike the half-breed cook.

A másik tűz mellett egy férfi kuporgott, aki nem hasonlított a félvér szakácshoz.

This figure had short legs, long arms, and hard, knotted muscles.

Ennek az alaknak rövid lábai, hosszú karjai és kemény, csomós izmai voltak.

His hair was long and matted, sloping backward from the eyes.

Hosszú és gubancos haja volt, a szemétől hátralógó.

He made strange sounds and stared out in fear at the darkness.

Furcsa hangokat adott ki, és félelemmel bámult a sötétségbe.

He held a stone club low, gripped tightly in his long rough hand.

Hosszú, durva kezében szorosan szorongatott egy kőbotot, ami alacsonyan tartotta.

The man wore little; just a charred skin that hung down his back.

A férfi keveset viselt; csak egy elszenesedett bőr lógott a hátán.

His body was covered with thick hair across arms, chest, and thighs.

Testét vastag szőrzet borította, amely a karján, a mellkasán és a combján húzódott.

Some parts of the hair were tangled into patches of rough fur.

A haj egyes részei durva szőrfoltokká kuszadtak össze.

He did not stand straight but bent forward from the hips to knees.

Nem állt egyenesen, hanem csípőtől térdig előrehajolt.

His steps were springy and catlike, as if always ready to leap.

Léptei ruganyosak és macskaszerűek voltak, mintha mindig készen állna az ugrásra.

There was a sharp alertness, like he lived in constant fear.

Éles éberség áradt belőle, mintha állandó félelemben élne.

This ancient man seemed to expect danger, whether the danger was seen or not.

Ez az ősi ember látszólag számított a veszélyre, akár látta a veszélyt, akár nem.

At times the hairy man slept by the fire, head tucked between legs.

A szőrös férfi időnként a tűz mellett aludt, fejét a lábai közé dugva.

His elbows rested on his knees, hands clasped above his head.

Könyöke a térdén nyugodott, kezei a feje fölött összekulcsolva.

Like a dog he used his hairy arms to shed off the falling rain.

Mint egy kutya, szőrös karjaival lerázta magáról a hulló esőt.

Beyond the firelight, Buck saw twin coals glowing in the dark.

A tűzfényen túl Buck kettős parazsat látott izzani a sötétben.

Always two by two, they were the eyes of stalking beasts of prey.

Mindig kettesével, lesben álló ragadozók szemei voltak.

He heard bodies crash through brush and sounds made in the night.

Testek csapódását hallotta a bozótosban, és hangokat az éjszakában.

Lying on the Yukon bank, blinking, Buck dreamed by the fire.

A Yukon partján fekve, pislogva, Buck a tűz mellett álmodozott.

The sights and sounds of that wild world made his hair stand up.

A vad világ látványától és hangjaitól égnek állt a haja.

The fur rose along his back, his shoulders, and up his neck.

A szőr felállt a hátán, a vállán és fel a nyakán.

He whimpered softly or gave a low growl deep in his chest.

Halkan nyüszített, vagy egy mély morgást hallatott a mellkasában.

Then the half-breed cook shouted, "Hey, you Buck, wake up!"

Ekkor a félvér szakács felkiáltott: „Hé, te Buck, ébredj fel!"

The dream world vanished, and real life returned to Buck's eyes.

Az álomvilág eltűnt, és a való élet visszatért Buck szemébe.

He was going to get up, stretch, and yawn, as if woken from a nap.

Fel fog kelni, nyújtózkodni és ásítani, mintha szunyókálásból ébredt volna.

The trip was hard, with the mail sled dragging behind them.

Az út nehéz volt, a postaszán húzta őket.

Heavy loads and tough work wore down the dogs each long day.

A nehéz terhek és a kemény munka minden hosszú napon kifárasztotta a kutyákat.

They reached Dawson thin, tired, and needing over a week's rest.

Lesoványodva, fáradtan érkeztek meg Dawsonba, és több mint egyheti pihenésre volt szükségük.

But only two days later, they set out down the Yukon again.

De mindössze két nappal később ismét elindultak lefelé a Yukonon.

They were loaded with more letters bound for the outside world.

Még több, külvilágnak szánt levéllel voltak megrakodva.

The dogs were exhausted and the men were complaining constantly.

A kutyák kimerültek voltak, a férfiak pedig állandóan panaszkodtak.

Snow fell every day, softening the trail and slowing the sleds.

Minden nap esett a hó, megpuhítva az ösvényt és lelassítva a szánokat.

This made for harder pulling and more drag on the runners.

Ez nehezebb húzást és nagyobb ellenállást eredményezett a futókon.

Despite that, the drivers were fair and cared for their teams.

Ennek ellenére a sofőrök korrektek voltak és törődtek a csapataikkal.

Each night, the dogs were fed before the men got to eat.

Minden este megetették a kutyákat, mielőtt a férfiak ehettek volna.

No man slept before checking the feet of his own dog's.

Senki sem aludt el anélkül, hogy meg ne nézte volna a saját kutyája lábát.

Still, the dogs grew weaker as the miles wore on their bodies.

A kutyák mégis egyre gyengébbek lettek, ahogy a kilométerek megviselték a testüket.

They had traveled eighteen hundred miles through the winter.

Ezernyolcszáz kilométert utaztak a tél folyamán.

They pulled sleds across every mile of that brutal distance.

Szánkókkal tették meg ezt a brutális távolságot minden mérföldön.

Even the toughest sled dogs feel strain after so many miles.

Még a legkeményebb szánhúzókutyák is megerőltetőnek érzik magukat ennyi kilométer után.

Buck held on, kept his team working, and maintained discipline.

Buck kitartott, folyamatosan dolgozott a csapatán, és fegyelmet tartott.

But Buck was tired, just like the others on the long journey.

De Buck fáradt volt, akárcsak a többiek a hosszú úton.

Billee whimpered and cried in his sleep each night without fail.

Billee minden éjjel szünet nélkül nyöszörgött és sírt álmában.

Joe grew even more bitter, and Solleks stayed cold and distant.

Joe még keserűbb lett, Solleks pedig hideg és távolságtartó maradt.

But it was Dave who suffered the worst out of the entire team.

De az egész csapat közül Dave szenvedett a legjobban.

Something had gone wrong inside him, though no one knew what.

Valami elromlott benne, bár senki sem tudta, hogy mi.

He became moodier and snapped at others with growing anger.

Egyre szeszélyesebb lett, és egyre növekvő dühvel nyafogott másoknak.

Each night he went straight to his nest, waiting to be fed.

Minden este egyenesen a fészkébe ment, és várta az etetést.

Once he was down, Dave did not get up again till morning.

Miután Dave lefeküdt, reggelig nem kelt fel.

On the reins, sudden jerks or starts made him cry out in pain.

A gyeplőn a hirtelen rántások vagy ijedtségek fájdalmas felkiáltást váltottak ki belőle.

His driver searched for the cause, but found no injury on him.

A sofőrje kereste a baleset okát, de sérülést nem talált nála.

All the drivers began watching Dave and discussed his case.

Minden sofőr Dave-et kezdte figyelni, és megvitatták az esetét.

They talked at meals and during their final smoke of the day.

Étkezéskor és a nap utolsó cigarettája alatt beszélgettek.

One night they held a meeting and brought Dave to the fire.

Egyik este gyűlést tartottak, és Dave-et odavitték a tűzhöz.

They pressed and probed his body, and he cried out often.

Nyomkodták és tapogatták a testét, és gyakran felkiáltott.

Clearly, something was wrong, though no bones seemed broken.

Nyilvánvalóan valami baj volt, bár úgy tűnt, hogy egyetlen csontja sem tört el.

By the time they reached Cassiar Bar, Dave was falling down.

Mire elérték a Cassiar Bárt, Dave már zuhant.

The Scotch half-breed called a halt and removed Dave from the team.

A skót félvér megálljt parancsolt, és eltávolította Dave-et a csapatból.

He fastened Solleks in Dave's place, closest to the sled's front.

Solleks-et Dave helyére rögzítette, a szán elejéhez legközelebb.

He meant to let Dave rest and run free behind the moving sled.

Hagyni akarta Dave-et pihenni, és szabadon szaladgálni a mozgó szánkó mögött.

But even sick, Dave hated being taken from the job he had owned.

De még betegen is utálta Dave, ha elvették az eddigi munkájától.

He growled and whimpered as the reins were pulled from his body.

Morgott és nyüszített, ahogy a gyeplőt kihúzták a testéből.

When he saw Solleks in his place, he cried with broken-hearted pain.

Amikor meglátta Solleks-et a helyén, megtört szívű fájdalommal sírt.

The pride of trail work was deep in Dave, even as death approached.

A túraútvonalon végzett munka büszkesége mélyen élt Dave-ben, még a halál közeledtével is.

As the sled moved, Dave floundered through soft snow near the trail.

Ahogy a szán mozgott, Dave vergődött a puha hóban az ösvény közelében.

He attacked Solleks, biting and pushing him from the sled's side.

Megtámadta Solleks-et, megharapta és a szán oldaláról lökte.

Dave tried to leap into the harness and reclaim his working spot.

Dave megpróbált beugrani a hámba, és visszaszerezni a munkaterületét.

He yelped, whined, and cried, torn between pain and pride in labor.

Felsikoltott, nyafogott és sírt, a fájdalom és a vajúdás utáni büszkeség között őrlődve.

The half-breed used his whip to try driving Dave away from the team.

A félvér az ostorát használta, hogy megpróbálja elűzni Dave-et a csapattól.

But Dave ignored the lash, and the man couldn't strike him harder.

De Dave nem törődött az ostorcsapással, és a férfi nem tudta erősebben megütni.

Dave refused the easier path behind the sled, where snow was packed.

Dave nem volt hajlandó a könnyebb utat választani a szánkó mögött, ahol vastag hó volt.

Instead, he struggled in the deep snow beside the trail, in misery.

Ehelyett a mély hóban küzdött az ösvény mellett, nyomorultul.

Eventually, Dave collapsed, lying in the snow and howling in pain.

Végül Dave összeesett, a hóban feküdt és fájdalmasan üvöltött.

He cried out as the long train of sleds passed him one by one.

Felkiáltott, ahogy a szánkók hosszú sora egyesével elhaladt mellette.

Still, with what strength remained, he rose and stumbled after them.

Mégis, maradék erejével felállt, és botladozva utánuk eredt.

He caught up when the train stopped again and found his old sled.

Amikor a vonat ismét megállt, utolérte, és megtalálta a régi szánkóját.

He floundered past the other teams and stood beside Solleks again.

Elvánszorgott a többi csapat mellett, és ismét Solleks mellé állt.

As the driver paused to light his pipe, Dave took his last chance.

Miközben a sofőr megállt, hogy meggyújtsa a pipáját, Dave megragadta az utolsó esélyt.

When the driver returned and shouted, the team didn't move forward.

Amikor a sofőr visszatért és kiabált, a csapat nem mozdult előre.

The dogs had turned their heads, confused by the sudden stoppage.

A kutyák elfordították a fejüket, zavartan a hirtelen megállást követően.

The driver was shocked too—the sled hadn't moved an inch forward.

A sofőr is megdöbbent – a szán egy tapodtat sem mozdult előre.

He called out to the others to come and see what had happened.

Odakiáltott a többieknek, hogy jöjjenek és nézzék meg, mi történt.

Dave had chewed through Solleks's reins, breaking both apart.

Dave átrágta Solleks gyeplőjét, mindkettőt széttépve.

Now he stood in front of the sled, back in his rightful position.

Most a szán előtt állt, vissza a jogos helyére.

Dave looked up at the driver, silently pleading to stay in the traces.

Dave felnézett a sofőrre, és magában könyörgött, hogy maradhasson a sínek között.

The driver was puzzled, unsure of what to do for the struggling dog.

A sofőr zavarban volt, nem tudta, mitévő legyen a vergődő kutyával.

The other men spoke of dogs who had died from being taken out.

A többi férfi kutyákról beszélt, amelyek elpusztultak, miközben kivitték őket.

They told of old or injured dogs whose hearts broke when left behind.

Öreg vagy sérült kutyákról meséltek, akiknek a szíve összetört, amikor magukra hagyták őket.

They agreed it was mercy to let Dave die while still in his harness.

Egyetértettek, hogy irgalomból hagyták Dave-et meghalni, miközben még a hámjában volt.

He was fastened back onto the sled, and Dave pulled with pride.

Vissza volt kötözve a szánkóhoz, és Dave büszkén húzta.

Though he cried out at times, he worked as if pain could be ignored.

Bár időnként felkiáltott, úgy dolgozott, mintha a fájdalmat figyelmen kívül lehetne hagyni.

More than once he fell and was dragged before rising again.

Többször is elesett, és valaki vonszolta, mielőtt újra felkelt.

Once, the sled rolled over him, and he limped from that moment on.

Egyszer átgurult rajta a szánkó, és attól a pillanattól kezdve sántikált.

Still, he worked until camp was reached, and then lay by the fire.

Mégis dolgozott, amíg el nem érte a tábort, majd lefeküdt a tűz mellé.

By morning, Dave was too weak to travel or even stand upright.

Reggelre Dave túl gyenge volt ahhoz, hogy utazzon, vagy akár csak felegyenesedjen.

At harness-up time, he tried to reach his driver with trembling effort.

Amikor be kellett kapcsolnia, remegő erőfeszítéssel próbálta elérni a sofőrjét.

He forced himself up, staggered, and collapsed onto the snowy ground.

Feltápászkodott, megtántorodott, és a havas földre rogyott.

Using his front legs, he dragged his body toward the harnessing area.

Mellső lábait használva vonszolta a testét a hámozási terület felé.

He hitched himself forward, inch by inch, toward the working dogs.

Apró lépésekkel, centiméterről centiméterre haladt előre a munkáskutyák felé.

His strength gave out, but he kept moving in his last desperate push.

Ereje elhagyta, de utolsó kétségbeesett mozdulatával továbbment.

His teammates saw him gasping in the snow, still longing to join them.

Csapattársai látták, ahogy a hóban kapkodva kapkodja a levegőt, és még mindig vágyik rá, hogy csatlakozhasson hozzájuk.

They heard him howling with sorrow as they left the camp behind.

Hallották a bánatos üvöltését, miközben elhagyták a tábort.

As the team vanished into trees, Dave's cry echoed behind them.

Ahogy a csapat eltűnt a fák között, Dave kiáltása visszhangzott mögöttük.

The sled train halted briefly after crossing a stretch of river timber.

A szánkóvonat rövid időre megállt, miután átkelt egy folyóparti erdősávon.

The Scotch half-breed walked slowly back toward the camp behind.

A skót félvér lassan visszasétált a mögötte lévő tábor felé.

The men stopped speaking when they saw him leave the sled train.

A férfiak elhallgattak, amikor meglátták, hogy leszáll a szánkós vonatról.

Then a single gunshot rang out clear and sharp across the trail.

Aztán egyetlen lövés dördült tisztán és élesen át az ösvényen.

The man returned quickly and took up his place without a word.

A férfi gyorsan visszatért, és szó nélkül elfoglalta a helyét.

Whips cracked, bells jingled, and the sleds rolled on through snow.

Ostorok csattantak, csengők csilingeltek, és a szánkók gurultak tovább a hóban.

But Buck knew what had happened — and so did every other dog.

De Buck tudta, mi történt – és minden más kutya is.

The Toil of Reins and Trail
A gyeplő és az ösvény fáradalmai

Thirty days after leaving Dawson, the Salt Water Mail reached Skaguay.
Harminc nappal Dawson elhagyása után a Salt Water Mail megérkezett Skaguayba.

Buck and his teammates pulled the lead, arriving in pitiful condition.
Buck és csapattársai átvették a vezetést, szánalmas állapotban érkezve.

Buck had dropped from one hundred forty to one hundred fifteen pounds.
Buck száznegyvenről száztizenöt kilóra fogyott.

The other dogs, though smaller, had lost even more body weight.
A többi kutya, bár kisebb volt, még többet fogyott.

Pike, once a fake limper, now dragged a truly injured leg behind him.
Pike, aki egykor csak álsántikált, most egy valóban sérült lábat vonszolt maga után.

Solleks was limping badly, and Dub had a wrenched shoulder blade.
Solleks csúnyán sántított, Dubnak pedig megrándult a lapockája.

Every dog in the team was footsore from weeks on the frozen trail.
A csapat minden kutyájának sajgott a lába a hetekig tartó fagyos ösvényen való tartózkodástól.

They had no spring left in their steps, only slow, dragging motion.
Lépteikben már nem volt ruganyosság, csak lassú, vonszoló mozgás.

Their feet hit the trail hard, each step adding more strain to their bodies.
Lábaik keményen nyomultak az ösvényen, minden egyes lépés egyre nagyobb terhelést jelentett a testüknek.

They were not sick, only drained beyond all natural recovery.

Nem voltak betegek, csak annyira kimerültek, hogy természetes úton semmivé fáradtak.

This was not tiredness from one hard day, cured with a night's rest.

Ez nem egy nehéz nap fáradtsága volt, amit egy éjszakai pihenéssel gyógyíthattam.

It was exhaustion built slowly through months of grueling effort.

A kimerültség lassan, hónapokig tartó, kimerítő erőfeszítések során gyűlt össze.

No reserve strength remained—they had used up every bit they had.

Nem maradt tartalék erő – minden tartalékukat elhasználták.

Every muscle, fiber, and cell in their bodies was spent and worn.

Testük minden egyes izma, rostja és sejtje elhasználódott és elhasználódott.

And there was a reason—they had covered twenty-five hundred miles.

És volt is rá ok – kétezerötszáz mérföldet tettek meg.

They had rested only five days during the last eighteen hundred miles.

Az elmúlt tizennyolcszáz mérföld alatt mindössze öt napot pihentek.

When they reached Skaguay, they looked barely able to stand upright.

Amikor Skaguay-ba értek, alig tudtak lábra állni.

They struggled to keep the reins tight and stay ahead of the sled.

Küzdeniük kellett, hogy feszesen tartsák a gyeplőt, és a szán előtt maradjanak.

On downhill slopes, they only managed to avoid being run over.

A lejtőkön csak az gázolást sikerült elkerülniük.

"March on, poor sore feet," the driver said as they limped along.

– Rajta, szegény, fájós lábacskáim! – mondta a sofőr, miközben sántikáltak.

"This is the last stretch, then we all get one long rest, for sure."

„Ez az utolsó szakasz, aztán biztosan mindannyian kapunk egy hosszú pihenőt."

"One truly long rest," he promised, watching them stagger forward.

„Egy igazán hosszú pihenés" – ígérte, miközben nézte, ahogy tántorgó léptekkel előrehaladnak.

The drivers expected they were going to now get a long, needed break.

A sofőrök arra számítottak, hogy most egy hosszú, szükséges szünetet tartanak.

They had traveled twelve hundred miles with only two days' rest.

Ezerkétszáz mérföldet tettek meg mindössze kétnapi pihenővel.

By fairness and reason, they felt they had earned time to relax.

Joggal és észszerűen úgy érezték, hogy kiérdemeltek egy kis időt a pihenésre.

But too many had come to the Klondike, and too few had stayed home.

De túl sokan jöttek a Klondike-ba, és túl kevesen maradtak otthon.

Letters from families flooded in, creating piles of delayed mail.

Özönlöttek a családoktól érkező levelek, ami halmokban hozta létre a késedelmes postai küldeményeket.

Official orders arrived—new Hudson Bay dogs were going to take over.

Megérkeztek a hivatalos parancsok – új Hudson-öbölbeli kutyák vették át a hatalmat.

The exhausted dogs, now called worthless, were to be disposed of.

A kimerült, most már értéktelennek nevezett kutyákat meg kellett semmisíteni.

Since money mattered more than dogs, they were going to be sold cheaply.

Mivel a pénz fontosabb volt a kutyáknál, olcsón akarták eladni őket.

Three more days passed before the dogs felt just how weak they were.

Még három nap telt el, mire a kutyák igazán érezni kezdték, mennyire gyengék.

On the fourth morning, two men from the States bought the whole team.

A negyedik reggelen két férfi az Államokból megvette az egész csapatot.

The sale included all the dogs, plus their worn harness gear.

Az eladás magában foglalta az összes kutyát, plusz a kopott hámjukat.

The men called each other "Hal" and "Charles" as they completed the deal.

A férfiak „Hal"-nak és „Charles"-nak szólították egymást, miközben befejezték az üzletet.

Charles was middle-aged, pale, with limp lips and fierce mustache tips.

Károly középkorú, sápadt, petyhüdt ajkakkal és vad bajusszal rendelkezett.

Hal was a young man, maybe nineteen, wearing a cartridge-stuffed belt.

Hal egy fiatalember volt, talán tizenkilenc, és töltényekkel tömött övet viselt.

The belt held a big revolver and a hunting knife, both unused.

Az övön egy nagy revolver és egy vadászkés lapult, mindkettő használatlan.

It showed how inexperienced and unfit he was for northern life.

Ez megmutatta, mennyire tapasztalatlan és alkalmatlan az északi életre.

Neither man belonged in the wild; their presence defied all reason.

Egyikük sem tartozott a vadonba; jelenlétük minden ésszerűséget felülmúlt.

Buck watched as money exchanged hands between buyer and agent.

Buck figyelte, ahogy a vevő és az ügynök között pénz cserélődik.

He knew the mail-train drivers were leaving his life like the rest.

Tudta, hogy a postavonat-vezetők ugyanúgy elhagyják az életét, mint bárki más.

They followed Perrault and François, now gone beyond recall.

Perrault-t és François-t követték, akiket mostanra már sehol sem lehetett megjegyezni.

Buck and the team were led to their new owners' sloppy camp.

Buckot és a csapatot új tulajdonosaik hanyag táborába vezették.

The tent sagged, dishes were dirty, and everything lay in disarray.

A sátor megereszkedett, a tányérok piszkosak voltak, és minden rendetlenül hevert.

Buck noticed a woman there too—Mercedes, Charles's wife and Hal's sister.

Buck egy nőt is észrevett ott – Mercedest, Charles feleségét és Hal húgát.

They made a complete family, though far from suited to the trail.

Teljes családot alkottak, bár korántsem voltak alkalmasak az ösvényre.

Buck watched nervously as the trio started packing the supplies.

Buck idegesen figyelte, ahogy a trió elkezdte pakolgatni a holmikat.

They worked hard but without order—just fuss and wasted effort.

Keményen dolgoztak, de rend nélkül – csak felhajtás és hiábavaló erőfeszítés.

The tent was rolled into a bulky shape, far too large for the sled.

A sátrat ormótlanra tekerték fel, túl nagyra a szánkónak.

Dirty dishes were packed without being cleaned or dried at all.

A piszkos edényeket anélkül pakolták be, hogy egyáltalán megtisztították volna vagy megszárították volna őket.

Mercedes fluttered about, constantly talking, correcting, and meddling.

Mercedes állandóan beszélt, javítgatott és beleavatkozott a dolgokba.

When a sack was placed on front, she insisted it go on the back.

Amikor egy zsákot előre tettek, ragaszkodott hozzá, hogy hátulra kerüljön.

She packed the sack in the bottom, and the next moment she needed it.

Bepakolta a zsákot az aljára, és a következő pillanatban szüksége is volt rá.

So the sled was unpacked again to reach the one specific bag.

Így hát a szánt újra kicsomagolták, hogy elérjék azt az egy bizonyos zsákot.

Nearby, three men stood outside a tent, watching the scene unfold.

A közelben három férfi állt egy sátor előtt, és figyelte a kibontakozó jelenetet.

They smiled, winked, and grinned at the newcomers' obvious confusion.

Mosolyogtak, kacsintottak és vigyorogtak az újonnan érkezők nyilvánvaló zavarodottságán.

"You've got a right heavy load already," said one of the men.

– Már így is elég nehéz a teher – mondta az egyik férfi.

"I don't think you should carry that tent, but it's your choice."

„Szerintem nem kellene cipelned azt a sátrat, de ez a te döntésed."

"Undreamed of!" cried Mercedes, throwing up her hands in despair.

– Álmodni sem mertem róla! – kiáltotta Mercedes, kétségbeesetten széttárva a kezét.

"How could I possibly travel without a tent to stay under?"

„Hogyan tudnék utazni sátor nélkül, ami alatt megbújhatnék?"

"It's springtime—you won't see cold weather again," the man replied.

„Tavasz van, nem fogsz többé hideget látni" – felelte a férfi.

But she shook her head, and they kept piling items onto the sled.

De a nő megrázta a fejét, és tovább pakolták a tárgyakat a szánkóba.

The load towered dangerously high as they added the final things.

A rakomány veszélyesen magasra tornyosult, miközben az utolsó dolgokat is hozzáadták.

"Think the sled will ride?" asked one of the men with a skeptical look.

„Gondolod, hogy elmegy a szán?" – kérdezte az egyik férfi szkeptikus pillantással.

"Why shouldn't it?" Charles snapped back with sharp annoyance.

– Miért ne? – csattant fel Charles éles bosszúsággal.

"Oh, that's all right," the man said quickly, backing away from offense.

– Ó, rendben van – mondta gyorsan a férfi, és elhárította a sértődést.

"I was only wondering—it just looked a bit too top-heavy to me."

„Csak azon tűnődtem – nekem egy kicsit túl nehéznek tűnt a teteje."

Charles turned away and tied down the load as best as he could.

Károly elfordult, és amennyire csak tudta, lekötözte a terhet.

But the lashings were loose and the packing poorly done overall.

De a kötözés laza volt, és a csomagolás összességében rosszul volt elvégezve.

"Sure, the dogs will pull that all day," another man said sarcastically.

– Persze, a kutyák egész nap húzni fogják – mondta egy másik férfi gúnyosan.

"Of course," Hal replied coldly, grabbing the sled's long gee-pole.

– Természetesen – felelte Hal hidegen, és megragadta a szán hosszú gearboxát.

With one hand on the pole, he swung the whip in the other.

Az egyik kezével a rúdon, a másikban az ostort lengette.

"Let's go!" he shouted. "Move it!" urging the dogs to start.

„Gyerünk!" – kiáltotta. „Gyerünk!" – sürgette a kutyákat, hogy induljanak.

The dogs leaned into the harness and strained for a few moments.

A kutyák beledőltek a hámba, és néhány pillanatig erőlködtek.

Then they stopped, unable to budge the overloaded sled an inch.

Aztán megálltak, képtelenek voltak egy tapodtat sem mozdítani a túlterhelt szánt.

"The lazy brutes!" Hal yelled, lifting the whip to strike them.

„A lusta bestiák!" – kiáltotta Hal, és felemelte az ostort, hogy lecsapjon rájuk.

But Mercedes rushed in and seized the whip from Hal's hands.

De Mercedes odarohant, és kikapta Hal kezéből az ostort.

"Oh, Hal, don't you dare hurt them," she cried in alarm.

– Ó, Hal, ne merészeld bántani őket! – kiáltotta riadtan.

"Promise me you'll be kind to them, or I won't go another step."

„Ígérd meg, hogy kedves leszel hozzájuk, különben egy tapodtat sem megyek tovább."

"You don't know a thing about dogs," Hal snapped at his sister.

– Semmit sem tudsz a kutyákról! – csattant fel Hal a húgára.

"They're lazy, and the only way to move them is to whip them."

„Lusták, és az egyetlen módja annak, hogy megmozdítsuk őket, az az, ha megkorbácsoljuk őket."

"Ask anyone—ask one of those men over there if you doubt me."

„Kérdezz meg bárkit – kérdezz meg egyet azoktól az emberektől ott, ha kételkedsz bennem."

Mercedes looked at the onlookers with pleading, tearful eyes.

Mercedes könyörgő, könnyes szemekkel nézett a bámészkodókra.

Her face showed how deeply she hated the sight of any pain.

Az arcán látszott, mennyire gyűlöli a fájdalom látványát.

"They're weak, that's all," one man said. "They're worn out."

„Gyengék, ennyi az egész" – mondta az egyik férfi. „Elfáradtak."

"They need rest—they've been worked too long without a break."

„Pihenésre van szükségük – túl sokáig dolgoztatták őket szünet nélkül."

"Rest be cursed," Hal muttered with his lip curled.

– A többiek átkozottak legyenek! – motyogta Hal felkunkorodott ajakkal.

Mercedes gasped, clearly pained by the coarse word from him.

Mercedes felnyögött, láthatóan fájt neki a durva szó tőle.

Still, she stayed loyal and instantly defended her brother.

Ennek ellenére hűséges maradt, és azonnal megvédte a testvérét.

"Don't mind that man," she said to Hal. "They're our dogs."

– Ne törődj azzal az emberrel – mondta Halnak. – Ők a mi kutyáink.

"You drive them as you see fit—do what you think is right."

„Úgy vezeted őket, ahogy jónak látod – tedd, amit helyesnek látsz."

Hal raised the whip and struck the dogs again without mercy.

Hal felemelte az ostort, és könyörtelenül ismét megütötte a kutyákat.

They lunged forward, bodies low, feet pushing into the snow.

Előrevetődtek, testük laposan, lábuk a hóba nyomódott.

All their strength went into the pull, but the sled wasn't moving.

Minden erejüket a húzásra fordították, de a szánkó nem mozdult.

The sled stayed stuck, like an anchor frozen into the packed snow.

A szánkó ott ragadt, mint egy belefagyott horgony a döngölt hóba.

After a second effort, the dogs stopped again, panting hard.

Egy második erőfeszítés után a kutyák ismét megálltak, lihegve.

Hal raised the whip once more, just as Mercedes interfered again.

Hal ismét felemelte az ostort, éppen akkor, amikor Mercedes ismét közbeavatkozott.

She dropped to her knees in front of Buck and hugged his neck.

Térdre rogyott Buck előtt, és átölelte a nyakát.

Tears filled her eyes as she pleaded with the exhausted dog.

Könnyek szöktek a szemébe, miközben könyörgött a kimerült kutyának.

"You poor dears," she said, "why don't you just pull harder?"

– Szegény drágáim – mondta –, miért nem húzzátok csak erősebben?

"If you pull, then you won't get to be whipped like this."

„Ha húzol, akkor nem fognak így megkorbácsolni."

Buck disliked Mercedes, but he was too tired to resist her now.

Buck nem szerette Mercedest, de most már túl fáradt volt ahhoz, hogy ellenálljon neki.

He accepted her tears as just another part of the miserable day.

A könnyeit csupán a nyomorúságos nap egy újabb részének fogadta.

One of the watching men finally spoke after holding back his anger.

Az egyik figyelő férfi végre megszólalt, miután visszafojtotta a haragját.

"I don't care what happens to you folks, but those dogs matter."

„Nem érdekel, mi történik veletek, de azok a kutyák számítanak."

"If you want to help, break that sled loose — it's frozen to the snow."

„Ha segíteni akarsz, tedd tönkre azt a szánt – hóhoz fagyott."

"Push hard on the gee-pole, right and left, and break the ice seal."

„Nyomd meg erősen a gerendarudat jobbra-balra, és törd át a jégzárat."

A third attempt was made, this time following the man's suggestion.

Harmadszorra is próbálkoztak, ezúttal a férfi javaslatára.

Hal rocked the sled from side to side, breaking the runners loose.

Hal jobbra-balra ringatta a szánt, kioldva a talpakat.

The sled, though overloaded and awkward, finally lurched forward.

A szánkó, bár túlterhelt és esetlen volt, végül előrelendült.

Buck and the others pulled wildly, driven by a storm of whiplashes.

Buck és a többiek vadul húztak, az ostorcsapások vihara hajtotta őket.

A hundred yards ahead, the trail curved and sloped into the street.

Száz méterrel előttük az ösvény kanyargott és lejtős lett az utcába.

It was going to have taken a skilled driver to keep the sled upright.

Egy ügyes hajtóra lett volna szükség ahhoz, hogy a szánt egyenesen tartsa.

Hal was not skilled, and the sled tipped as it swung around the bend.

Hal nem volt ügyes, és a szánkó felborult, amikor a kanyarban lengett.

Loose lashings gave way, and half the load spilled onto the snow.

A laza kötözőelemek elszabadultak, és a rakomány fele a hóra ömlött.

The dogs did not stop; the lighter sled flew along on its side.

A kutyák nem álltak meg; a könnyebb szán oldalára dőlve repült tovább.

Angry from abuse and the heavy burden, the dogs ran faster.

A bántalmazás és a nehéz teher miatt dühösen a kutyák gyorsabban futottak.

Buck, in fury, broke into a run, with the team following behind.

Buck dühösen futásnak eredt, a csapat pedig a nyomában volt.

Hal shouted "Whoa! Whoa!" but the team paid no attention to him.

Hal felkiáltott: „Hűha! Hűha!", de a csapat ügyet sem vetett rá.

He tripped, fell, and was dragged along the ground by the harness.

Megbotlott, elesett, és a hámja magával rántotta a földön.

The overturned sled bumped over him as the dogs raced on ahead.

A felborult szán átütközött rajta, miközben a kutyák előreszaladtak.

The rest of the supplies scattered across Skaguay's busy street.

A többi készlet szétszórva hevert Skaguay forgalmas utcáján.

Kind-hearted people rushed to stop the dogs and gather the gear.

Jószívű emberek siettek megállítani a kutyákat és összeszedni a felszerelést.

They also gave advice, blunt and practical, to the new travelers.

Emellett őszinte és gyakorlatias tanácsokat adtak az új utazóknak.

"If you want to reach Dawson, take half the load and double the dogs."

„Ha el akarsz jutni Dawsonba, vidd a rakomány felét és a kutyák dupláját."

Hal, Charles, and Mercedes listened, though not with enthusiasm.

Hal, Charles és Mercedes hallgatták, bár nem lelkesedéssel.

They pitched their tent and started sorting through their supplies.

Felverték a sátrat, és elkezdték átválogatni a holmijukat.

Out came canned goods, which made onlookers laugh aloud.

Konzervek kerültek elő, amin a bámészkodók hangosan felnevettek.

"Canned stuff on the trail? You'll starve before that melts," one said.

„Konzerv az ösvényen? Éhen halsz, mielőtt elolvadna" – mondta az egyik.

"Hotel blankets? You're better off throwing them all out."

„Szállodai takarók? Jobban jársz, ha mindet kidobod."

"Ditch the tent, too, and no one washes dishes here."

„Hagyd el a sátrat is, és itt senki sem mosogat."

"You think you're riding a Pullman train with servants on board?"

„Azt hiszed, egy Pullman vonaton utazol, amiben szolgák vannak?"

The process began—every useless item was tossed to the side.

A folyamat elkezdődött – minden haszontalan tárgyat félredobtak.

Mercedes cried when her bags were emptied onto the snowy ground.

Mercedes sírt, amikor a táskáit a havas földre ürítették.

She sobbed over every item thrown out, one by one without pause.

Minden egyes kidobott tárgyon zokogott, egyesével, szünet nélkül.

She vowed not to go one more step—not even for ten Charleses.

Megfogadta, hogy egy lépést sem tesz többet – még tíz Charlesért sem.

She begged each person nearby to let her keep her precious things.

Könyörgött mindenkinek, aki a közelben állt, hogy hadd tartsa meg a drága holmijait.

At last, she wiped her eyes and began tossing even vital clothes.

Végül megtörölte a szemét, és még a létfontosságú ruháit is elkezdte dobálni.

When done with her own, she began emptying the men's supplies.

Miután végzett a sajátjával, elkezdte kiüríteni a férfiak készleteit.

Like a whirlwind, she tore through Charles and Hal's belongings.

Mint egy forgószél, úgy rohant át Charles és Hal holmijain.

Though the load was halved, it was still far heavier than needed.

Bár a rakományt a felére csökkentették, még mindig sokkal nehezebb volt a kelleténél.

That night, Charles and Hal went out and bought six new dogs.

Azon az estén Charles és Hal elmentek, és hat új kutyát vettek.

These new dogs joined the original six, plus Teek and Koona.

Ezek az új kutyák csatlakoztak az eredeti hathoz, plusz Teekhez és Koonához.

Together they made a team of fourteen dogs hitched to the sled.

Együtt alkottak egy tizennégy kutyából álló csapatot, amelyet a szánhoz kötöttek.

But the new dogs were unfit and poorly trained for sled work.

De az új kutyák alkalmatlanok és rosszul képzettek voltak a szánhúzásra.

Three of the dogs were short-haired pointers, and one was a Newfoundland.

A kutyák közül három rövid szőrű vizsla, egy pedig újfundlandi volt.

The final two dogs were mutts of no clear breed or purpose at all.

Az utolsó két kutya olyan korcs volt, amelyeknek semmilyen egyértelmű fajtája vagy céljuk nem volt.

They didn't understand the trail, and they didn't learn it quickly.

Nem értették az ösvényt, és nem is tanulták meg gyorsan.

Buck and his mates watched them with scorn and deep irritation.

Buck és társai megvetéssel és mély ingerültséggel figyelték őket.

Though Buck taught them what not to do, he could not teach duty.

Bár Buck megtanította nekik, mit ne tegyenek, a kötelességtudatra nem taníthatta meg őket.

They didn't take well to trail life or the pull of reins and sleds.

Nem szerették az élet nyomában járni, vagy a gyeplő és a szánkó vontatását.

Only the mongrels tried to adapt, and even they lacked fighting spirit.

Csak a korcsok próbáltak alkalmazkodni, és még tőlük is hiányzott a harci szellem.

The other dogs were confused, weakened, and broken by their new life.

A többi kutya összezavarodott, legyengült és megtört volt az új életétől.

With the new dogs clueless and the old ones exhausted, hope was thin.

Mivel az új kutyák fogalmatlanok, a régiek pedig kimerültek, a remény szerény volt.

Buck's team had covered twenty-five hundred miles of harsh trail.

Buck csapata kétezer-ötszáz mérföldnyi rögös ösvényt tett meg.

Still, the two men were cheerful and proud of their large dog team.

A két férfi mégis vidám volt, és büszke a nagy kutyacsapatára.

They thought they were traveling in style, with fourteen dogs hitched.

Azt hitték, stílusosan utaznak, tizennégy kutyával befogva.

They had seen sleds leave for Dawson, and others arrive from it.

Látták, hogy a szánkók elindulnak Dawsonba, és mások megérkeznek onnan.

But never had they seen one pulled by as many as fourteen dogs.

De még soha nem láttak olyat, amit tizennégy kutya húzott volna.

There was a reason such teams were rare in the Arctic wilderness.

Volt ok arra, hogy az ilyen csapatok ritkák voltak az arktiszi vadonban.

No sled could carry enough food to feed fourteen dogs for the trip.

Egyetlen szán sem tudott annyi élelmet szállítani, hogy tizennégy kutyát is megetethessen az útra.

But Charles and Hal didn't know that—they had done the math.

De Charles és Hal ezt nem tudták – ők már kiszámolták.

They penciled out the food: so much per dog, so many days, done.

Ceruzával kiszámolták az ételt: ennyi kutyánként, ennyi napra, ennyi időre.

Mercedes looked at their figures and nodded as if it made sense.

Mercedes a számokra nézett, és bólintott, mintha érthető lenne a dolog.

It all seemed very simple to her, at least on paper.

Minden nagyon egyszerűnek tűnt számára, legalábbis papíron.

The next morning, Buck led the team slowly up the snowy street.

Másnap reggel Buck lassan felvezette a csapatot a havas utcán.

There was no energy or spirit in him or the dogs behind him.

Sem benne, sem a mögötte lévő kutyákban nem volt energia vagy szellem.

They were dead tired from the start—there was no reserve left.

Már a legelejétől fogva halálosan fáradtak voltak – nem maradt semmi tartalék.

Buck had made four trips between Salt Water and Dawson already.

Buck már négy utat tett meg Salt Water és Dawson között.

Now, faced with the same trail again, he felt nothing but bitterness.

Most, hogy újra ugyanazzal az ösvénnyel kellett szembenéznie, semmi mást nem érzett, csak keserűséget.

His heart was not in it, nor were the hearts of the other dogs.

A szíve nem volt benne, ahogy a többi kutya szíve sem.

The new dogs were timid, and the huskies lacked all trust.

Az új kutyák félénkek voltak, a huskyk pedig teljesen megbízhatatlanok.

Buck sensed he could not rely on these two men or their sister.

Buck érezte, hogy nem számíthat erre a két férfira vagy a húgukra.

They knew nothing and showed no signs of learning on the trail.

Semmit sem tudtak, és az ösvényen sem mutattak tanulási jeleit.

They were disorganized and lacked any sense of discipline.

Rendetlenek voltak és hiányzott belőlük a fegyelem.

It took them half the night to set up a sloppy camp each time.

Minden alkalommal fél éjszaka kellett hozzá, hogy rendetlenül tábort verjenek.

And half the next morning they spent fumbling with the sled again.

És a következő délelőtt felét megint a szánnal babrálva töltötték.

By noon, they often stopped just to fix the uneven load.

Délre gyakran már csak azért is megálltak, hogy kijavítsák az egyenetlen terhelést.

On some days, they traveled less than ten miles in total.

Voltak napok, amikor összesen kevesebb mint tíz mérföldet tettek meg.

Other days, they didn't manage to leave camp at all.

Más napokon egyáltalán nem sikerült elhagyniuk a tábort.

They never came close to covering the planned food-distance.

Soha nem kerültek a tervezett élelemszerzési távolság megtételének közelébe.

As expected, they ran short on food for the dogs very quickly.

Ahogy az várható volt, nagyon gyorsan elfogyott az élelem a kutyáknak.

They made matters worse by overfeeding in the early days.

A helyzetet tovább rontották azzal, hogy az első napokban túletették őket.

This brought starvation closer with every careless ration.

Ez minden egyes gondatlan adaggal közelebb hozta az éhezést.

The new dogs had not learned to survive on very little.

Az új kutyák nem tanulták meg, hogyan éljenek túl nagyon kevésből.

They ate hungrily, with appetites too large for the trail.

Éhesen ettek, túl nagy étvágyuk volt az ösvényhez.

Seeing the dogs weaken, Hal believed the food wasn't enough.

Látva a kutyák legyengülését, Hal úgy gondolta, hogy az étel nem elég.

He doubled the rations, making the mistake even worse.

Megduplázta az adagokat, amivel még súlyosbította a hibát.

Mercedes added to the problem with tears and soft pleading.

Mercedes könnyeivel és halk könyörgésével tetézte a problémát.

When she couldn't convince Hal, she fed the dogs in secret.

Amikor nem tudta meggyőzni Halt, titokban megetette a kutyákat.

She stole from the fish sacks and gave it to them behind his back.

Lopott a halaszsákokból, és a férfi háta mögött odaadta nekik.

But what the dogs truly needed wasn't more food—it was rest.

De a kutyáknak igazán nem több ételre volt szükségük, hanem pihenésre.

They were making poor time, but the heavy sled still dragged on.

Gyengén haladtak, de a nehéz szán még mindig vonszolta magát.

That weight alone drained their remaining strength each day.

Már csak ez a súly is kiszívta a maradék erejüket minden egyes nap.

Then came the stage of underfeeding as the supplies ran low.

Aztán jött az alultápláltság szakasza, mivel a készletek fogytán voltak.

Hal realized one morning that half the dog food was already gone.

Hal egy reggel rájött, hogy a kutyatáp fele már elfogyott.

They had only traveled a quarter of the total trail distance.

A teljes ösvény távolságának csak egynegyedét tették meg.

No more food could be bought, no matter what price was offered.

Több élelmet nem lehetett venni, bármilyen árat is ajánlottak érte.

He reduced the dogs' portions below the standard daily ration.

A kutyák adagjait a szokásos napi adag alá csökkentette.

At the same time, he demanded longer travel to make up for loss.

Ugyanakkor hosszabb utazást követelt a veszteség pótlására.

Mercedes and Charles supported this plan, but failed in execution.

Mercedes és Charles támogatták ezt a tervet, de a végrehajtás kudarcot vallott.

Their heavy sled and lack of skill made progress nearly impossible.

Nehéz szánjuk és a képességek hiánya szinte lehetetlenné tette az előrehaladást.

It was easy to give less food, but impossible to force more effort.

Könnyű volt kevesebb ételt adni, de lehetetlen volt több erőfeszítésre kényszeríteni.

They couldn't start early, nor could they travel for extra hours.

Nem kezdhettek korán, és nem utazhattak túlórákat sem.

They didn't know how to work the dogs, nor themselves, for that matter.

Nem tudták, hogyan kell dolgozni a kutyákkal, sőt, még magukat sem.

The first dog to die was Dub, the unlucky but hardworking thief.

Az első kutya, amelyik meghalt, Dub volt, a balszerencsés, de szorgalmas tolvaj.

Though often punished, Dub had pulled his weight without complaint.

Bár gyakran megbüntették, Dub panasz nélkül helytállt.

His injured shoulder grew worse without care or needed rest.

Sérült válla ellátás és pihenés nélkül egyre rosszabb lett.

Finally, Hal used the revolver to end Dub's suffering.

Végül Hal a revolverrel vetett véget Dub szenvedéseinek.

A common saying claimed that normal dogs die on husky rations.

Egy közmondás szerint a normális kutyák husky takarmányon pusztulnak el.

Buck's six new companions had only half the husky's share of food.

Buck hat új társa csak a husky adagjának a felét kapta.

The Newfoundland died first, then the three short-haired pointers.

Először az újfundlandi pusztult el, majd a három rövidszőrű vizsla.

The two mongrels held on longer but finally perished like the rest.

A két korcs kutya tovább kitartott, de végül a többiekhez hasonlóan elpusztult.

By this time, all the amenities and gentleness of the Southland were gone.

Ekkorra már a Délvidék minden kényelme és szelídsége eltűnt.

The three people had shed the last traces of their civilized upbringing.

A három ember magától lerázta magáról civilizált neveltetésének utolsó nyomait is.

Stripped of glamour and romance, Arctic travel became brutally real.

A csillogástól és romantikától megfosztva a sarkvidéki utazás brutálisan valósággá vált.

It was a reality too harsh for their sense of manhood and womanhood.

Ez a valóság túl kemény volt a férfiasságukról és nőiességükről alkotott képükhöz képest.

Mercedes no longer wept for the dogs, but now wept only for herself.

Mercedes már nem a kutyákat siratta, hanem csak önmagát.

She spent her time crying and quarreling with Hal and Charles.

Az idejét sírással és Hal-lal és Charles-szal való veszekedéssel töltötte.

Quarreling was the one thing they were never too tired to do.

A veszekedés volt az egyetlen dolog, amihez sosem voltak túl fáradtak.

Their irritability came from misery, grew with it, and surpassed it.

Ingerlékenységük a nyomorúságból fakadt, vele együtt nőtt, és meghaladta azt.

The patience of the trail, known to those who toil and suffer kindly, never came.

Az ösvény türelme, melyet azok ismernek, akik kedvesen fáradoznak és szenvednek, soha nem jött el.

That patience, which keeps speech sweet through pain, was unknown to them.

Az a türelem, amely a fájdalom közepette is édessé teszi a beszédet, ismeretlen volt előttük.

They had no hint of patience, no strength drawn from suffering with grace.

Semmi türelem nem volt bennük, semmi erő nem merített a kegyelemmel teli szenvedésből.

They were stiff with pain—aching in their muscles, bones, and hearts.

Fájdalomtól merevek voltak – sajgott az izmaik, a csontjaik és a szívük.

Because of this, they grew sharp of tongue and quick with harsh words.

Emiatt éles nyelvűek és gyorsak lettek a kemény szavakkal.

Each day began and ended with angry voices and bitter complaints.

Minden nap dühös hangokkal és keserű panaszokkal kezdődött és végződött.

Charles and Hal wrangled whenever Mercedes gave them a chance.

Charles és Hal mindig vitatkoztak, amikor Mercedes lehetőséget adott nekik.

Each man believed he did more than his fair share of the work.

Minden férfi úgy gondolta, hogy többet végzett, mint amennyit méltányos részük rá hárult.

Neither ever missed a chance to say so, again and again.

Egyikük sem szalasztotta el a lehetőséget, hogy újra meg újra elmondja.

Sometimes Mercedes sided with Charles, sometimes with Hal.

Mercedes néha Charles, néha Hal oldalára állt.

This led to a grand and endless quarrel among the three.

Ez egy nagy és véget nem érő veszekedéshez vezetett a három között.

A dispute over who should chop firewood grew out of control.

A vita arról, hogy kinek kellene tűzifát aprítania, elfajult.

Soon, fathers, mothers, cousins, and dead relatives were named.

Hamarosan apákat, anyákat, unokatestvéreket és halott rokonokat neveztek meg.

Hal's views on art or his uncle's plays became part of the fight.

Hal művészetről vagy nagybátyja darabjairól alkotott nézetei a harc részévé váltak.

Charles's political beliefs also entered the debate.

Károly politikai nézetei is vitába keveredtek.

To Mercedes, even her husband's sister's gossip seemed relevant.

Mercedes számára még a férje húgának pletykái is relevánsnak tűntek.

She aired opinions on that and on many of Charles's family's flaws.

Véleményt nyilvánított erről és Charles családjának számos hibájáról.

While they argued, the fire stayed unlit and camp half set.

Miközben vitatkoztak, a tűz nem gyújtott, és a tábor félig készen állt.

Meanwhile, the dogs remained cold and without any food.

Eközben a kutyák fáztak és ennivaló nélkül maradtak.

Mercedes held a grievance she considered deeply personal.

Mercedesnek volt egy sérelme, amit mélyen személyesnek tartott.

She felt mistreated as a woman, denied her gentle privileges.

Úgy érezte, hogy nőként rosszul bánnak vele, megfosztják tőle a nemes kiváltságait.

She was pretty and soft, and used to chivalry all her life.

Csinos és gyengéd volt, és egész életében lovagias volt.

But her husband and brother now treated her with impatience.

De a férje és a bátyja most türelmetlenül bántak vele.

Her habit was to act helpless, and they began to complain.

Szokása az volt, hogy tehetetlenül viselkedett, és a gyerekek panaszkodni kezdtek.

Offended by this, she made their lives all the more difficult.

Ezen megsértődve még jobban megnehezítette az életüket.

She ignored the dogs and insisted on riding the sled herself.
Nem törődött a kutyákkal, és ragaszkodott hozzá, hogy ő
maga üljön a szánon.

**Though light in looks, she weighed one hundred twenty
pounds.**
Bár könnyű volt a külseje, százhúsz fontot nyomott.

**That added burden was too much for the starving, weak
dogs.**
Ez a plusz teher túl sok volt az éhező, gyenge kutyáknak.

Still, she rode for days, until the dogs collapsed in the reins.
Mégis napokig lovagolt, mígnem a kutyák összeestek a
gyeplőben.

**The sled stood still, and Charles and Hal begged her to
walk.**
A szán megállt, Charles és Hal pedig könyörögtek neki, hogy
menjen tovább.

**They pleaded and entreated, but she wept and called them
cruel.**
Könyörögtek és könyörögtek, de ő sírt és kegyetlennek
nevezte őket.

**On one occasion, they pulled her off the sled with sheer
force and anger.**
Egyszer puszta erővel és dühvel lerántották a szánról.

They never tried again after what happened that time.
A történtek után soha többé nem próbálkoztak.

She went limp like a spoiled child and sat in the snow.
Elernyedt, mint egy elkényeztetett gyerek, és leült a hóba.

They moved on, but she refused to rise or follow behind.
Továbbmentek, de a lány nem volt hajlandó felkelni vagy
követni őket.

**After three miles, they stopped, returned, and carried her
back.**
Három mérföld után megálltak, visszatértek, és visszavitték.

They reloaded her onto the sled, again using brute strength.
Újra felrakták a szánra, ismét nyers erőt bevetve.

**In their deep misery, they were callous to the dogs'
suffering.**

Mély nyomorúságukban érzéketlenek voltak a kutyák szenvedésével szemben.

Hal believed one must get hardened and forced that belief on others.

Hal úgy hitte, hogy az embernek meg kell keményednie, és ezt a hitet másokra is ráerőltette.

He first tried to preach his philosophy to his sister

Először a nővérének próbálta hirdetni a filozófiáját.

and then, without success, he preached to his brother-in-law.

majd sikertelenül prédikált a sógorának.

He had more success with the dogs, but only because he hurt them.

A kutyákkal több sikert ért el, de csak azért, mert fájdalmat okozott nekik.

At Five Fingers, the dog food ran out of food completely.

A Five Fingersnél a kutyatáp teljesen kifogyott.

A toothless old squaw sold a few pounds of frozen horse-hide

Egy fogatlan öreg squaw eladott néhány font fagyasztott lóbőrt

Hal traded his revolver for the dried horse-hide.

Hal elcserélte revolverét a szárított lóbőrre.

The meat had come from starved horses of cattlemen months before.

A hús hónapokkal korábban éhen halt marhatenyésztők lovaitól származott.

Frozen, the hide was like galvanized iron; tough and inedible.

A megfagyott bőr olyan volt, mint a horganyzott vas; kemény és ehetetlen.

The dogs had to chew endlessly at the hide to eat it.

A kutyáknak vég nélkül kellett rágniuk a bőrt, hogy megegyék.

But the leathery strings and short hair were hardly nourishment.

De a bőrszerű húrok és a rövid haj aligha voltak táplálóak.

Most of the hide was irritating, and not food in any true sense.

A bőr nagy része irritáló volt, és nem igazi étel.

And through it all, Buck staggered at the front, like in a nightmare.

És mindezek alatt Buck elöl tántorgott, mint egy rémálomban.

He pulled when able; when not, he lay until whip or club raised him.

Amikor tudta, húzta; amikor nem, addig feküdt, amíg az ostor vagy a bot fel nem emelte.

His fine, glossy coat had lost all stiffness and sheen it once had.

Finom, fényes bundája elvesztette minden merevségét és fényét, ami valaha volt.

His hair hung limp, draggled, and clotted with dried blood from the blows.

Haja ernyedten, kócosan lógott, és az ütésektől megszáradt vértől alvadt.

His muscles shrank to cords, and his flesh pads were all worn away.

Izmai zsinórrá zsugorodtak, és a húspárnái mind elkoptak.

Each rib, each bone showed clearly through folds of wrinkled skin.

Minden borda, minden csont tisztán látszott a ráncos bőr redői között.

It was heartbreaking, yet Buck's heart could not break.

Szívszorító volt, de Buck szíve nem tudott megtörni.

The man in the red sweater had tested that and proved it long ago.

A piros pulóveres férfi ezt már régen bebizonyította és kipróbálta.

As it was with Buck, so it was with all his remaining teammates.

Ahogy Buckkal történt, úgy volt ez az összes megmaradt csapattársával is.

There were seven in total, each one a walking skeleton of misery.

Összesen heten voltak, mindegyik a nyomorúság élő csontváza.

They had grown numb to lash, feeling only distant pain.

Elzsibbadtak az ostorcsapásoktól, csak távoli fájdalmat éreztek.

Even sight and sound reached them faintly, as through a thick fog.

Még a látvány és a hang is halványan ért el hozzájuk, mintha sűrű ködön keresztül.

They were not half alive—they were bones with dim sparks inside.

Nem voltak félig élők – csontok voltak, bennük halvány szikrák csillogtak.

When stopped, they collapsed like corpses, their sparks almost gone.

Amikor megálltak, holttestekként rogytak össze, szikráik szinte kialudtak.

And when the whip or club struck again, the sparks fluttered weakly.

És amikor az ostor vagy a bot újra lecsapott, a szikrák gyengén lobogtak.

Then they rose, staggered forward, and dragged their limbs ahead.

Aztán felálltak, előretántorodtak, és a végtagjaikat vonszolva maguk után indultak.

One day kind Billee fell and could no longer rise at all.

Egy nap a kedves Billee elesett, és már egyáltalán nem tudott felkelni.

Hal had traded his revolver, so he used an axe to kill Billee instead.

Hal elcserélte a revolverét, ezért inkább egy fejszével ölte meg Billee-t.

He struck him on the head, then cut his body free and dragged it away.

Fejbe ütötte, majd levágta a testét és elhurcolta.

Buck saw this, and so did the others; they knew death was near.

Buck látta ezt, és a többiek is; tudták, hogy a halál közeleg.

Next day Koona went, leaving just five dogs in the starving team.

Másnap Koona elment, és csak öt kutyát hagyott maga után az éhező csapatban.

Joe, no longer mean, was too far gone to be aware of much at all.

Joe, aki már nem volt gonosz, túl messzire ment ahhoz, hogy bármiről is tudomást vegyen.

Pike, no longer faking his injury, was barely conscious.

Pike, már nem színlelte a sérülését, alig volt eszméleténél.

Solleks, still faithful, mourned he had no strength to give.

A hűséges Solleks gyászolta, hogy nincs ereje adni.

Teek was beaten most because he was fresher, but fading fast.

Teeket azért verték meg leginkább, mert frissebb volt, de gyorsan fogyott.

And Buck, still in the lead, no longer kept order or enforced it.

És Buck, aki továbbra is az élen járt, már nem tartotta fenn a rendet, és nem is érvényesítette azt.

Half blind with weakness, Buck followed the trail by feel alone.

Buck félig vakon, gyengeségtől tátva, egyedül az érzésekre hagyatkozva követte a nyomokat.

It was beautiful spring weather, but none of them noticed it.

Gyönyörű tavaszi idő volt, de egyikük sem vette észre.

Each day the sun rose earlier and set later than before.

Minden nap korábban kelt és később nyugodott a nap, mint azelőtt.

By three in the morning, dawn had come; twilight lasted till nine.

Hajnali háromra megvirradt; az alkonyat kilencig tartott.

The long days were filled with the full blaze of spring sunshine.

A hosszú napokat a tavaszi napsütés teljes ragyogása töltötte be.

The ghostly silence of winter had changed into a warm murmur.

A tél kísérteties csendje meleg morajlássá változott.

All the land was waking, alive with the joy of living things.

Az egész föld ébredezett, az élő dolgok örömétől elevenedett.

The sound came from what had lain dead and still through winter.

A hang onnan jött, ami halottan és mozdulatlanul feküdt egész télen át.

Now, those things moved again, shaking off the long frost sleep.

Most azok a dolgok újra megmozdultak, lerázva magukról a hosszú, fagyos álmot.

Sap was rising through the dark trunks of the waiting pine trees.

Nedv szállt fel a várakozó fenyőfák sötét törzsei közül.

Willows and aspens burst out bright young buds on each twig.

A fűzfák és a nyárfák minden ágon fényes fiatal rügyeket hoznak.

Shrubs and vines put on fresh green as the woods came alive.

A cserjék és indák friss zöldelltek, ahogy az erdő életre kelt.

Crickets chirped at night, and bugs crawled in daylight sun.

Éjszaka tücskök ciripeltek, nappali fényben bogarak mászkáltak.

Partridges boomed, and woodpeckers knocked deep in the trees.

Foglyok dübörögtek, és harkályok kopogtak a fák mélyén.

Squirrels chattered, birds sang, and geese honked over the dogs.

Mókusok csicseregtek, madarak énekeltek, és libák kürtöltek a kutyák felett.

The wild-fowl came in sharp wedges, flying up from the south.

A vadmadarak éles ékekben repültek dél felől.

From every hillside came the music of hidden, rushing streams.

Minden domboldalról rejtett, sebesen csobogó patakok zenéje hallatszott.

All things thawed and snapped, bent and burst back into motion.

Minden felengedett, eltört, meggörbült, majd újra mozgásba lendült.

The Yukon strained to break the cold chains of frozen ice.

A Yukon erőlködve próbálta megtörni a megfagyott jég hidegláncait.

The ice melted underneath, while the sun melted it from above.

A jég alul elolvadt, míg felülről a nap olvasztotta.

Air-holes opened, cracks spread, and chunks fell into the river.

Szellőzőlyukak nyíltak meg, repedések terjedtek, és darabok hullottak a folyóba.

Amid all this bursting and blazing life, the travelers staggered.

E pezsgő és lángoló élet közepette az utazók tántorogtak.

Two men, a woman, and a pack of huskies walked like the dead.

Két férfi, egy nő és egy husky falka úgy sétálgatott, mint a halottak.

The dogs were falling, Mercedes wept, but still rode the sled.

A kutyák hullottak, Mercedes sírt, de azért még mindig szánkózott.

Hal cursed weakly, and Charles blinked through watering eyes.

Hal erőtlenül káromkodott, Charles pedig könnyező szemekkel pislogott.

They stumbled into John Thornton's camp by White River's mouth.

Belebotlottak John Thornton táborába White River torkolatánál.

When they stopped, the dogs dropped flat, as if all struck dead.

Amikor megálltak, a kutyák hanyatt estek, mintha mind meghaltak volna.

Mercedes wiped her tears and looked across at John Thornton.

Mercedes letörölte a könnyeit, és John Thorntonra nézett.

Charles sat on a log, slowly and stiffly, aching from the trail.

Károly egy rönkön ült, lassan és mereven, sajgott az ösvénytől.

Hal did the talking as Thornton carved the end of an axe-handle.

Hal beszélt helyette, miközben Thornton egy fejsze nyelének végét faragta.

He whittled birch wood and answered with brief, firm replies.

Nyírfát faragva rövid, határozott válaszokat adott.

When asked, he gave advice, certain it wasn't going to be followed.

Amikor megkérdezték, tanácsot adott, biztos volt benne, hogy azt nem fogják betartani.

Hal explained, "They told us the trail ice was dropping out."

Hal elmagyarázta: „Azt mondták nekünk, hogy a jég elkezd olvadni az ösvényen."

"They said we should stay put—but we made it to White River."

„Azt mondták, maradjunk otthon – de eljutottunk White Riverbe."

He ended with a sneering tone, as if to claim victory in hardship.

Gúnyos hangon fejezte be, mintha a nehézségek közepette aratott győzelmet.

"And they told you true," John Thornton answered Hal quietly.

– És igazat mondtak neked – felelte John Thornton halkan Halnak.

"The ice may give way at any moment—it's ready to drop out."

„A jég bármikor megadhatja magát – készen áll a leválásra."

"Only blind luck and fools could have made it this far alive."

„Csak a vakszerencse és a bolondok juthattak el idáig élve."

"I tell you straight, I wouldn't risk my life for all Alaska's gold."

„Őszintén megmondom, hogy Alaszka összes aranyáért sem kockáztatnám az életemet."

"That's because you're not a fool, I suppose," Hal answered.

– Gondolom, azért, mert nem vagy bolond – felelte Hal.

"All the same, we'll go on to Dawson." He uncoiled his whip.

– Mindegy, megyünk tovább Dawsonba. – Kibontotta az ostorát.

"Get up there, Buck! Hi! Get up! Go on!" he shouted harshly.

„Menj fel, Buck! Szia! Kelj fel! Rajta!" – kiáltotta rekedten.

Thornton kept whittling, knowing fools won't hear reason.

Thornton tovább faragta a dolgokat, tudván, hogy a bolondok nem hallják meg az észt.

To stop a fool was futile—and two or three fooled changed nothing.

Egy bolondot megállítani hiábavaló volt – és két-három bolond semmit sem változtatott.

But the team didn't move at the sound of Hal's command.

De a csapat nem mozdult Hal parancsára.

By now, only blows could make them rise and pull forward.

Mostanra már csak ütésekkel tudták őket felkelni és előrehúzni.

The whip snapped again and again across the weakened dogs.

Az ostor újra meg újra csattant a legyengült kutyákon.

John Thornton pressed his lips tightly and watched in silence.

John Thornton összeszorította a száját, és csendben figyelt.

Solleks was the first to crawl to his feet under the lash.

Solleks volt az első, aki talpra állt a korbácsütés alatt.

Then Teek followed, trembling. Joe yelped as he stumbled up.

Teek remegve követte. Joe felkiáltott, ahogy felbotlott.

Pike tried to rise, failed twice, then finally stood unsteadily.

Pike megpróbált felállni, kétszer is kudarcot vallott, majd végül bizonytalanul állt.

But Buck lay where he had fallen, not moving at all this time.

De Buck ott feküdt, ahol elesett, és ezalatt egy pillanatig sem mozdult.

The whip slashed him over and over, but he made no sound.

Az ostor újra meg újra lecsapott rá, de nem adott ki hangot.

He did not flinch or resist, simply remained still and quiet.

Nem hátrált meg, nem ellenkezett, egyszerűen mozdulatlan és csendben maradt.

Thornton stirred more than once, as if to speak, but didn't.

Thornton többször is megmozdult, mintha beszélni akarna, de nem tette.

His eyes grew wet, and still the whip cracked against Buck.

Könnyek szöktek a szemébe, és az ostor még mindig csapkodott Buckra.

At last, Thornton began pacing slowly, unsure of what to do.

Thornton végül lassan járkálni kezdett, bizonytalanul, hogy mitévő legyen.

It was the first time Buck had failed, and Hal grew furious.

Ez volt az első alkalom, hogy Buck kudarcot vallott, és Hal dühbe gurult.

He threw down the whip and picked up the heavy club instead.

Lehajította az ostort, és helyette a nehéz botot vette fel.

The wooden club came down hard, but Buck still did not rise to move.

A fabunkó keményen lecsapódott, de Buck még mindig nem kelt fel, hogy megmozduljon.

Like his teammates, he was too weak—but more than that.

Csapattársaihoz hasonlóan ő is túl gyenge volt – de ennél több.

Buck had decided not to move, no matter what came next.

Buck úgy döntött, hogy nem mozdul, bármi is történjék ezután.

He felt something dark and certain hovering just ahead.

Érezte, hogy valami sötét és biztos dolog lebeg közvetlenül előtte.

That dread had seized him as soon as he reached the riverbank.

A félelem azonnal elfogta, amint a folyópartra ért.

The feeling had not left him since he felt the ice thin under his paws.

Az érzés nem múlt el belőle, mióta vékony jeget érzett a mancsai alatt.

Something terrible was waiting—he felt it just down the trail.

Valami szörnyűség várt rá – érezte már az ösvényen.

He wasn't going to walk towards that terrible thing ahead

Nem fog az előtte álló szörnyűség felé sétálni

He was not going to obey any command that took him to that thing.

Nem fog engedelmeskedni semmilyen parancsnak, ami odavitte.

The pain of the blows hardly touched him now—he was too far gone.

Az ütések fájdalma már alig érintette – túl messze volt.

The spark of life flickered low, dimmed beneath each cruel strike.

Az élet szikrája halványan pislákolt, minden kegyetlen csapás alatt elhalványult.

His limbs felt distant; his whole body seemed to belong to another.

Végtagjai távolinak tűntek; az egész teste mintha valaki másé lett volna.

He felt a strange numbness as the pain faded out completely.

Furcsa zsibbadást érzett, ahogy a fájdalom teljesen elmúlt.

From far away, he sensed he was being beaten, but barely knew.

Már messziről érezte, hogy verik, de alig tudta.

He could hear the thuds faintly, but they no longer truly hurt.

Halványan hallotta a puffanásokat, de már nem fájtak igazán.

The blows landed, but his body no longer seemed like his own.

Az ütések becsapódtak, de a teste már nem tűnt a sajátjának.

Then suddenly, without warning, John Thornton gave a wild cry.

Aztán hirtelen, minden előzetes figyelmeztetés nélkül, John Thornton vad kiáltást hallatott.

It was inarticulate, more the cry of a beast than of a man.

Artikulálatlan volt, inkább egy állat, mint egy ember kiáltása.

He leapt at the man with the club and knocked Hal backward.

Ráugrott a bottal szorongatott férfira, és hátralökte Halt.

Hal flew as if struck by a tree, landing hard upon the ground.

Hal úgy repült, mintha egy fa csapódott volna belé, és keményen a földre zuhant.

Mercedes screamed aloud in panic and clutched at her face.

Mercedes pánikba esve hangosan felsikoltott, és az arcához kapott.

Charles only looked on, wiped his eyes, and stayed seated.

Károly csak nézte, megtörölte a szemét, és ülve maradt.

His body was too stiff with pain to rise or help in the fight.

A teste túl merev volt a fájdalomtól ahhoz, hogy felálljon vagy segítsen a harcban.

Thornton stood over Buck, trembling with fury, unable to speak.

Thornton Buck felett állt, dühösen remegett, és képtelen volt megszólalni.

He shook with rage and fought to find his voice through it.

Dühösen remegett, és küzdött, hogy megtalálja a hangját a dühöngésen keresztül.

"If you strike that dog again, I'll kill you," he finally said.

– Ha még egyszer megütöd azt a kutyát, megöllek – mondta végül.

Hal wiped blood from his mouth and came forward again.

Hal letörölte a vért a szájáról, és ismét előrelépett.

"It's my dog," he muttered. "Get out of the way, or I'll fix you."

– A kutyám az – motyogta. – Menj az útból, különben elintézem!

"I'm going to Dawson, and you're not stopping me," he added.

„Dawsonba megyek, és te nem fogsz megállítani" – tette hozzá.

Thornton stood firm between Buck and the angry young man.

Thornton szilárdan állt Buck és a dühös fiatalember között.

He had no intention of stepping aside or letting Hal pass.

Esze ágában sem volt félreállni, vagy Halt elengedni.

Hal pulled out his hunting knife, long and dangerous in hand.

Hal előhúzta a kezében hosszú és veszélyes vadászkését.

Mercedes screamed, then cried, then laughed in wild hysteria.

Mercedes sikított, majd sírt, végül vad hisztérikus nevetésben tört ki.

Thornton struck Hal's hand with his axe-handle, hard and fast.

Thornton fejszéje nyelével erősen és gyorsan Hal kezére csapott.

The knife was knocked loose from Hal's grip and flew to the ground.

A kés kiesett Hal markából, és a földre repült.

Hal tried to pick the knife up, and Thornton rapped his knuckles again.

Hal megpróbálta felvenni a kést, de Thornton ismét rácsapott az ujjperceire.

Then Thornton stooped down, grabbed the knife, and held it.

Aztán Thornton lehajolt, megragadta a kést, és a kezében tartotta.

With two quick chops of the axe-handle, he cut Buck's reins.

Két gyors csapással elvágta Buck gyeplőjét a fejsze nyelével.

Hal had no fight left in him and stepped back from the dog.

Halnak már nem volt harci kedve, és hátralépett a kutya elől.

Besides, Mercedes needed both arms now to keep her upright.

Különben is, Mercedesnek most már mindkét karjára szüksége volt, hogy egyenesen maradjon.

Buck was too near death to be of use for pulling a sled again.

Buck túl közel volt a halálhoz ahhoz, hogy újra hasznos legyen szánhúzásra.

A few minutes later, they pulled out, heading down the river.

Néhány perccel később kifutottak, és lefelé indultak a folyón.

Buck raised his head weakly and watched them leave the bank.

Buck gyengén felemelte a fejét, és nézte, ahogy elhagyják a bankot.

Pike led the team, with Solleks at the rear in the wheel spot.

Pike vezette a csapatot, Solleks pedig hátul a keréken.

Joe and Teek walked between, both limping with exhaustion.

Joe és Teek közöttük sétáltak, mindketten kimerülten sántikáltak.

Mercedes sat on the sled, and Hal gripped the long gee-pole.

Mercedes a szánkón ült, Hal pedig a hosszú gearbotet szorongatta.

Charles stumbled behind, his steps clumsy and uncertain.

Károly botladozva hátulról lépett, léptei esetlenek és bizonytalanok voltak.

Thornton knelt by Buck and gently felt for broken bones.

Thornton letérdelt Buck mellé, és gyengéden kitapogatta, hogy nincs-e eltört csontja.

His hands were rough but moved with kindness and care.

A kezei érdesek voltak, de kedvesen és gondosan mozogtak.

Buck's body was bruised but showed no lasting injury.

Buck teste zúzódásokkal volt tele, de maradandó sérülés nem látszott rajta.

What remained was terrible hunger and near-total weakness.

Ami maradt, az a szörnyű éhség és a szinte teljes gyengeség volt.

By the time this was clear, the sled had gone far downriver.

Mire ez kitisztult, a szán már messzire lejjebb ment a folyón.

Man and dog watched the sled slowly crawl over the cracking ice.

Férfi és kutya nézték, ahogy a szán lassan kúszik a repedező jégen.

Then, they saw the sled sink down into a hollow.

Aztán látták, hogy a szánkó belesüllyed egy mélyedésbe.

The gee-pole flew up, with Hal still clinging to it in vain.

A gearbota felrepült, Hal pedig hiába kapaszkodott bele.

Mercedes's scream reached them across the cold distance.

Mercedes sikolyát a hideg messzeségen át hallhatták.

Charles turned and stepped back — but he was too late.

Károly megfordult és hátralépett – de már túl késő volt.

A whole ice sheet gave way, and they all dropped through.

Egy egész jégtakaró leomlott, és mindannyian átestek rajta.

Dogs, sled, and people vanished into the black water below.

Kutyák, szánkók és emberek tűntek el a lenti fekete vízben.

Only a wide hole in the ice was left where they had passed.

Csak egy széles lyuk maradt a jégben ott, ahol elhaladtak.

The trail's bottom had dropped out — just as Thornton warned.

Az ösvény alja leszakadt – pontosan ahogy Thornton figyelmeztette.

Thornton and Buck looked at one another, silent for a moment.

Thornton és Buck egymásra néztek, egy pillanatig hallgattak.

"You poor devil," said Thornton softly, and Buck licked his hand.

– Szegény ördög! – mondta Thornton halkan, mire Buck
megnyalta a kezét.

For the Love of a Man
Egy férfi szerelmére

**John Thornton froze his feet in the cold of the previous
December.**
John Thorntonnak megfagyott a lába az előző decemberi
hidegben.
**His partners made him comfortable and left him to recover
alone.**
Partnerei kényelembe helyezték, és magára hagyták a
felépülést.
**They went up the river to gather a raft of saw-logs for
Dawson.**
Felmentek a folyón, hogy fűrészrönköt gyűjtsenek
Dawsonnak.
**He was still limping slightly when he rescued Buck from
death.**
Még enyhén sántított, amikor megmentette Buckot a haláltól.
**But with warm weather continuing, even that limp
disappeared.**
De a meleg idő folytatódásával még ez a sántítás is eltűnt.
**Lying by the riverbank during long spring days, Buck
rested.**
Buck a hosszú tavaszi napokon a folyóparton fekve pihent.
**He watched the flowing water and listened to birds and
insects.**
Nézte a folyó vizet, és hallgatta a madarakat és rovarokat.
Slowly, Buck regained his strength under the sun and sky.
Buck lassan visszanyerte erejét a nap és az ég alatt.
A rest felt wonderful after traveling three thousand miles.

Csodálatosan éreztem magam pihenve háromezer mérföldes utazás után.

Buck became lazy as his wounds healed and his body filled out.

Buck ellustult, ahogy a sebei begyógyultak és a teste kiteljesedett.

His muscles grew firm, and flesh returned to cover his bones.

Izmai megfeszültek, és hús borította vissza csontjait.

They were all resting—Buck, Thornton, Skeet, and Nig.

Mindannyian pihentek – Buck, Thornton, Skeet és Nig.

They waited for the raft that was going to carry them down to Dawson.

Várták a tutajt, amivel levitték őket Dawsonba.

Skeet was a small Irish setter who made friends with Buck.

Skeet egy kis ír szetter volt, aki összebarátkozott Buckkal.

Buck was too weak and ill to resist her at their first meeting.

Buck túl gyenge és beteg volt ahhoz, hogy ellenálljon neki az első találkozásukkor.

Skeet had the healer trait that some dogs naturally possess.

Skeetnek megvolt az a gyógyító tulajdonsága, ami egyes kutyákban természetes módon megvan.

Like a mother cat, she licked and cleaned Buck's raw wounds.

Mint egy anyamacska, nyalogatta és tisztogatta Buck sebeit.

Every morning after breakfast, she repeated her careful work.

Reggeli után minden reggel megismételte gondos munkáját.

Buck came to expect her help as much as he did Thornton's.

Buck ugyanúgy számított a segítségére, mint Thorntonéra.

Nig was friendly too, but less open and less affectionate.

Nig is barátságos volt, de kevésbé nyitott és kevésbé szeretetteljes.

Nig was a big black dog, part bloodhound and part deerhound.

Nig egy nagy fekete kutya volt, részben véreb, részben szarvaseb.

He had laughing eyes and endless good nature in his spirit.

Nevető szemek és végtelen jó természet lakozott a lelkében.

To Buck's surprise, neither dog showed jealousy toward him.

Buck meglepetésére egyik kutya sem mutatott féltékenységet iránta.

Both Skeet and Nig shared the kindness of John Thornton.

Skeet és Nig is osztoztak John Thornton kedvességében.

As Buck got stronger, they lured him into foolish dog games.

Ahogy Buck egyre erősebb lett, bolondos kutyajátékokba csábították.

Thornton often played with them too, unable to resist their joy.

Thornton is gyakran játszott velük, képtelen volt ellenállni az örömüknek.

In this playful way, Buck moved from illness to a new life.

Ezzel a játékos módon Buck a betegségből egy új életbe lépett.

Love—true, burning, and passionate love—was his at last.

A szerelem – az igaz, lángoló és szenvedélyes szerelem – végre az övé volt.

He had never known this kind of love at Miller's estate.

Soha nem ismert ilyen szeretetet Miller birtokán.

With the Judge's sons, he had shared work and adventure.

A Bíró fiaival közös munkát és kalandot élt át.

With the grandsons, he saw stiff and boastful pride.

Az unokáknál merev és kérkedő büszkeséget látott.

With Judge Miller himself, he had a respectful friendship.

Magával Miller bíróval tiszteletteljes barátságot ápolt.

But love that was fire, madness, and worship came with Thornton.

De a szerelem, ami tűz, őrület és imádat volt, Thorntonnal érkezett.

This man had saved Buck's life, and that alone meant a great deal.

Ez az ember megmentette Buck életét, és már önmagában ez is sokat jelentett.

But more than that, John Thornton was the ideal kind of master.

De mi több, John Thornton volt az ideális fajta mester.

Other men cared for dogs out of duty or business necessity.

Más férfiak kötelességből vagy üzleti szükségszerűségből gondoskodtak kutyákról.

John Thornton cared for his dogs as if they were his children.

John Thornton úgy gondoskodott a kutyáiról, mintha a gyermekei lennének.

He cared for them because he loved them and simply could not help it.

Törődött velük, mert szerette őket, és egyszerűen nem tehetett mást.

John Thornton saw even further than most men ever managed to see.

John Thornton még messzebbre látott, mint a legtöbb férfi valaha is képes volt látni.

He never forgot to greet them kindly or speak a cheering word.

Soha nem felejtette el kedvesen üdvözölni őket, vagy egy bátorító szót szólni.

He loved sitting down with the dogs for long talks, or "gassy," as he said.

Imádott leülni a kutyákkal hosszas beszélgetésekre, vagy ahogy ő mondta, „gázoskodni".

He liked to seize Buck's head roughly between his strong hands.

Szerette durván megragadni Buck fejét erős kezei között.

Then he rested his own head against Buck's and shook him gently.

Aztán a fejét Buckéhoz hajtotta, és gyengéden megrázta.

All the while, he called Buck rude names that meant love to Buck.

Mindeközben durva szavakkal illette Buckot, amik a szerelmet jelentették számára.

To Buck, that rough embrace and those words brought deep joy.

Buck számára az a durva ölelés és azok a szavak mély örömet okoztak.

His heart seemed to shake loose with happiness at each movement.

A szíve minden mozdulatnál felszabadultan remegett a boldogságtól.

When he sprang up afterward, his mouth looked like it laughed.

Amikor utána felugrott, úgy nézett ki a szája, mintha nevetett volna.

His eyes shone brightly and his throat trembled with unspoken joy.

Szeme ragyogott, torka pedig remegett a kimondatlan örömtől.

His smile stood still in that state of emotion and glowing affection.

Mosolya mozdulatlanná dermedt az érzelmek és a ragyogó szeretet közepette.

Then Thornton exclaimed thoughtfully, "God! he can almost speak!"

Thornton ekkor elgondolkodva felkiáltott: „Istenem! Majdnem tud beszélni!"

Buck had a strange way of expressing love that nearly caused pain.

Bucknak furcsa, szinte fájdalmat okozó módja volt a szeretet kifejezésére.

He often griped Thornton's hand in his teeth very tightly.

Gyakran nagyon erősen szorította Thornton kezét a fogai közé.

The bite was going to leave deep marks that stayed for some time after.

A harapás mély nyomokat hagyott, amelyek egy ideig megmaradtak.

Buck believed those oaths were love, and Thornton knew the same.

Buck hitte, hogy ezek az eskük a szerelem jelei, és Thornton is tudta ezt.

Most often, Buck's love showed in quiet, almost silent adoration.

Buck szerelme leggyakrabban csendes, szinte néma imádatban nyilvánult meg.

Though thrilled when touched or spoken to, he did not seek attention.

Bár izgatott volt, ha megérintették vagy beszéltek hozzá, nem kereste a figyelmet.

Skeet nudged her nose under Thornton's hand until he petted her.

Skeet addig bökte az orrát Thornton keze alá, amíg az meg nem simogatta.

Nig walked up quietly and rested his large head on Thornton's knee.

Nig csendesen odalépett, és nagy fejét Thornton térdére hajtotta.

Buck, in contrast, was satisfied to love from a respectful distance.

Buck ezzel szemben megelégedett azzal, hogy tiszteletteljes távolságból szeressen.

He lied for hours at Thornton's feet, alert and watching closely.

Órákon át feküdt Thornton lábánál, éber és feszült figyelő tekintettel.

Buck studied every detail of his master's face and slightest motion.

Buck gazdája arcának minden részletét, a legkisebb mozdulatát is alaposan szemügyre vette.

Or lied farther away, studying the man's shape in silence.

Vagy távolabb feküdt, csendben tanulmányozva a férfi alakját.

Buck watched each small move, each shift in posture or gesture.

Buck minden apró mozdulatot, minden testtartás- vagy gesztusváltást figyelt.

So powerful was this connection that often pulled Thornton's gaze.

Olyan erős volt ez a kapcsolat, hogy gyakran magára vonta Thornton tekintetét.

He met Buck's eyes with no words, love shining clearly through.

Szótlanul nézett Buck szemébe, a szerelem tisztán ragyogott benne.

For a long while after being saved, Buck never let Thornton out of sight.

Miután megmentették, Buck sokáig nem tévesztette szem elől Thorntont.

Whenever Thornton left the tent, Buck followed him closely outside.

Valahányszor Thornton elhagyta a sátrat, Buck szorosan követte kifelé.

All the harsh masters in the Northland had made Buck afraid to trust.

Észak minden kemény ura miatt Buck félt bízni bennük.

He feared no man could remain his master for more than a short time.

Attól félt, hogy senki sem maradhat az ura egy rövid időnél tovább.

He feared John Thornton was going to vanish like Perrault and François.

Attól félt, hogy John Thornton úgy fog eltűnni, mint Perrault és François.

Even at night, the fear of losing him haunted Buck's restless sleep.

Még éjszaka is kísértette Buck nyugtalan álmát az elvesztésétől való félelem.

When Buck woke, he crept out into the cold, and went to the tent.

Amikor Buck felébredt, kimászott a hidegbe, és elment a sátorhoz.

He listened carefully for the soft sound of breathing inside.

Figyelmesen hallgatózott, hallja-e belülről a halk légzést.

Despite Buck's deep love for John Thornton, the wild stayed alive.

Buck John Thornton iránti mély szeretete ellenére a vadon életben maradt.

That primitive instinct, awakened in the North, did not disappear.

Az északon felébredt primitív ösztön nem tűnt el.

Love brought devotion, loyalty, and the fire-side's warm bond.

A szerelem odaadást, hűséget és a tűz melletti meleg köteléket hozott magával.

But Buck also kept his wild instincts, sharp and ever alert.

De Buck megőrizte vad ösztöneit is, melyek élesek és örökké éberek voltak.

He was not just a tamed pet from the soft lands of civilization.

Nem csupán egy megszelídített háziállat volt a civilizáció puha földjeiről.

Buck was a wild being who had come in to sit by Thornton's fire.

Buck vad teremtmény volt, aki Thornton tüzéhez jött leülni.

He looked like a Southland dog, but wildness lived within him.

Úgy nézett ki, mint egy délvidéki kutya, de vadság lakozott benne.

His love for Thornton was too great to allow theft from the man.

Túl nagy volt a szerelme Thornton iránt ahhoz, hogy megengedje magának a lopást.

But in any other camp, he would steal boldly and without pause.

De bármely más táborban bátran és szünet nélkül lopott volna.

He was so clever in stealing that no one could catch or accuse him.

Olyan ravasz volt a lopásban, hogy senki sem tudta elkapni vagy megvádolni.

His face and body were covered in scars from many past fights.

Arcát és testét számos korábbi harc hegei borították.

Buck still fought fiercely, but now he fought with more cunning.

Buck továbbra is hevesen küzdött, de most már ravaszabb módon.

Skeet and Nig were too gentle to fight, and they were Thornton's.

Skeet és Nig túl gyengédek voltak ahhoz, hogy harcoljanak, és ők Thorntonéi voltak.

But any strange dog, no matter how strong or brave, gave way.

De minden idegen kutya, bármilyen erős vagy bátor is, megadta magát.

Otherwise, the dog found itself battling Buck; fighting for its life.

Különben a kutya Buckkal küzdött; az életéért küzdött.

Buck had no mercy once he chose to fight against another dog.

Buck nem volt irgalmas, miután úgy döntött, hogy egy másik kutyával harcol.

He had learned well the law of club and fang in the Northland.

Jól elsajátította az északi fánk és agyar szabályát.

He never gave up an advantage and never backed away from battle.

Soha nem adott fel előnyt, és soha nem hátrált meg a csatában.

He had studied Spitz and the fiercest dogs of mail and police.

Tanulmányozta a spitzeket és a legvadabb posta- és rendőrkutyákat.

He knew clearly there was no middle ground in wild combat.

Világosan tudta, hogy a vad harcban nincs középút.

He must rule or be ruled; showing mercy meant showing weakness.

Uralkodnia kellett, vagy őt uralták; az irgalom kimutatása gyengeséget jelentett.

Mercy was unknown in the raw and brutal world of survival.

A kegyelem ismeretlen volt a túlélés nyers és brutális világában.

To show mercy was seen as fear, and fear led quickly to death.

Az irgalmasság kimutatása félelemnek számított, a félelem pedig gyorsan halálhoz vezetett.

The old law was simple: kill or be killed, eat or be eaten.

A régi törvény egyszerű volt: ölj vagy megölnek, egyél vagy megesznek.

That law came from the depths of time, and Buck followed it fully.

Ez a törvény az idők mélyéről származik, és Buck teljes mértékben követte.

Buck was older than his years and the number of breaths he took.

Buck idősebb volt a koránál és a lélegzetvételek számánál.

He connected the ancient past with the present moment clearly.

Világosan összekapcsolta a régmúlt időket a jelennel.

The deep rhythms of the ages moved through him like the tides.

A korok mély ritmusai úgy kavarogtak benne, mint az árapály.

Time pulsed in his blood as surely as seasons moved the earth.

Az idő olyan biztosan lüktetett a vérében, mint ahogy az évszakok mozgatták a földet.

He sat by Thornton's fire, strong-chested and white-fanged.

Thornton tüzénél ült, erős mellkassal és fehér agyarral.

His long fur waved, but behind him the spirits of wild dogs watched.

Hosszú bundája lengedezett, de mögötte vadkutyák szellemei figyelték.

Half-wolves and full wolves stirred within his heart and senses.

Fél farkasok és teli farkasok kavarogtak a szívében és az érzékeiben.

They tasted his meat and drank the same water that he did.

Megkóstolták a húsát, és ugyanabból a vízből ittak, mint ő.

They sniffed the wind alongside him and listened to the forest.

Mellette szimatolták a szelet, és hallgatták az erdőt.

They whispered the meanings of the wild sounds in the darkness.

A vad hangok jelentését suttogták a sötétben.

They shaped his moods and guided each of his quiet reactions.

Formálták a hangulatait és irányították minden csendes reakcióját.

They lay with him as he slept and became part of his deep dreams.

Vele feküdtek, miközben aludt, és mély álmainak részévé váltak.

They dreamed with him, beyond him, and made up his very spirit.

Vele álmodtak, rajta túl, és alkották meg a lelkét.

The spirits of the wild called so strongly that Buck felt pulled.

A vadon szellemei olyan erősen szóltak, hogy Buck úgy érezte, vonszolják.

Each day, mankind and its claims grew weaker in Buck's heart.

Az emberiség és annak igényei napról napra gyengültek Buck szívében.

Deep in the forest, a strange and thrilling call was going to rise.

Mélyen az erdőben egy furcsa és izgalmas hívás fog felhangzani.

Every time he heard the call, Buck felt an urge he could not resist.

Valahányszor meghallotta a hívást, Buck egy ellenállhatatlan késztetést érzett.

He was going to turn from the fire and from the beaten human paths.

Elfordult a tűztől és a kitaposott emberi ösvényektől.

He was going to plunge into the forest, going forward without knowing why.

Be akart vetődni az erdőbe, előrement anélkül, hogy tudta volna, miért.

He did not question this pull, for the call was deep and powerful.

Nem kérdőjelezte meg ezt a vonzást, mert a hívás mély és erőteljes volt.

Often, he reached the green shade and soft untouched earth

Gyakran elérte a zöld árnyékot és a puha, érintetlen földet

But then the strong love for John Thornton pulled him back to the fire.

De aztán a John Thornton iránti erős szerelem visszarántotta a tűzhöz.

Only John Thornton truly held Buck's wild heart in his grasp.

Csak John Thornton tartotta igazán a markában Buck vad szívét.

The rest of mankind had no lasting value or meaning to Buck.

Az emberiség többi részének nem volt maradandó értéke vagy jelentése Buck számára.

Strangers might praise him or stroke his fur with friendly hands.

Az idegenek dicsérhetik, vagy barátságosan simogathatják a bundáját.

Buck remained unmoved and walked off from too much affection.

Buck mozdulatlan maradt, és elsétált a túl sok szeretettől.

Hans and Pete arrived with the raft that had long been awaited

Hans és Pete megérkeztek a régóta várt tutajjal

Buck ignored them until he learned they were close to Thornton.

Buck nem törődött velük, amíg meg nem tudta, hogy Thornton közelében vannak.

After that, he tolerated them, but never showed them full warmth.

Ezután tolerálta őket, de soha nem mutatott teljes melegséget irántuk.

He took food or kindness from them as if doing them a favor.

Úgy fogadott el tőlük ételt vagy kedvességet, mintha szívességet tenne nekik.

They were like Thornton—simple, honest, and clear in thought.

Olyanok voltak, mint Thornton – egyszerűek, őszinték és világosan gondolkodtak.

All together they traveled to Dawson's saw-mill and the great eddy

Mindannyian együtt utaztak Dawson fűrészmalmához és a nagy örvényhez

On their journey the learned to understand Buck's nature deeply.

Útjuk során mélyen megértették Buck természetét.

They did not try to grow close like Skeet and Nig had done.

Nem próbáltak meg közeledni egymáshoz, ahogy Skeet és Nig tették.

But Buck's love for John Thornton only deepened over time.

De Buck John Thornton iránti szeretete az idő múlásával csak mélyült.

Only Thornton could place a pack on Buck's back in the summer.

Csak Thornton tudott hátizsákot tenni Buck hátára nyáron.

Whatever Thornton commanded, Buck was willing to do fully.

Amit Thornton parancsolt, Buck hajlandó volt maradéktalanul teljesíteni.

One day, after they left Dawson for the headwaters of the Tanana,

Egy nap, miután elhagyták Dawsont a Tanana forrásvidéke felé,

the group sat on a cliff that dropped three feet to bare bedrock.

A csoport egy sziklán ült, amely egy méterrel a csupasz alapkőzetig ért.

John Thornton sat near the edge, and Buck rested beside him.

John Thornton a szélén ült, Buck pedig mellette pihent.

Thornton had a sudden thought and called the men's attention.

Thorntonnak hirtelen ötlete támadt, és felhívta a férfiak figyelmét.

He pointed across the chasm and gave Buck a single command.

Átmutatott a szakadékon, és egyetlen parancsot adott Bucknak.

"Jump, Buck!" he said, swinging his arm out over the drop.

„Ugorj, Buck!" – mondta, és kinyújtotta a karját a szakadék fölé.

In a moment, he had to grab Buck, who was leaping to obey.

Egy pillanat múlva el kellett kapnia Buckot, aki ugrott, hogy engedelmeskedjen.

Hans and Pete rushed forward and pulled both back to safety.

Hans és Pete előrerohantak, és mindkettőjüket biztonságba húzták.

After all ended, and they had caught their breath, Pete spoke up.

Miután minden véget ért, és kapkodták a levegőt, Pete megszólalt.

"The love's uncanny," he said, shaken by the dog's fierce devotion.

– Kísérteties ez a szerelem – mondta, megrendítve a kutya heves odaadásától.

Thornton shook his head and replied with calm seriousness.

Thornton megrázta a fejét, és nyugodt komolysággal válaszolt.

"No, the love is splendid," he said, "but also terrible."

– Nem, a szerelem csodálatos – mondta –, de szörnyű is.

"Sometimes, I must admit, this kind of love makes me afraid."

„Be kell vallanom, hogy néha félelemmel tölt el az ilyen szerelem."

Pete nodded and said, "I'd hate to be the man who touches you."

Pete bólintott, és azt mondta: „Nem szeretnék én lenni az az ember, aki hozzád ér."

He looked at Buck as he spoke, serious and full of respect.

Miközben beszélt, komolyan és tisztelettel jesen nézett Buckra.

"Py Jingo!" said Hans quickly. "Me either, no sir."

– Py Jingo! – mondta Hans gyorsan. – Én sem, uram.

Before the year ended, Pete's fears came true at Circle City.

Még az év vége előtt Pete félelmei beigazolódtak Circle Cityben.

A cruel man named Black Burton picked a fight in the bar.

Egy Black Burton nevű kegyetlen férfi verekedést szított a bárban.

He was angry and malicious, lashing out at a new tenderfoot.

Dühös és rosszindulatú volt, és egy új zsenge lábúnak rontott.

John Thornton stepped in, calm and good-natured as always.

John Thornton lépett közbe, nyugodtan és jóindulatúan, mint mindig.

Buck lay in a corner, head down, watching Thornton closely.

Buck egy sarokban feküdt, lehajtott fejjel, és Thorntont figyelte.

Burton suddenly struck, his punch sending Thornton spinning.

Burton hirtelen lecsapott, az ütése megpörgette Thorntont.

Only the bar's rail kept him from crashing hard to the ground.

Csak a korlát korlátja akadályozta meg, hogy a földre zuhanjon.

The watchers heard a sound that was not bark or yelp

A megfigyelők egy hangot hallottak, ami nem ugatás vagy vonyítás volt

a deep roar came from Buck as he launched toward the man.

Mély ordítás hallatszott Buckból, miközben a férfi felé indult.

Burton threw his arm up and barely saved his own life.

Burton felemelte a karját, és alig mentette meg az életét.

Buck crashed into him, knocking him flat onto the floor.

Buck nekiütközött, és a férfi a földre zuhant.

Buck bit deep into the man's arm, then lunged for the throat.

Buck mélyen beleharapott a férfi karjába, majd a torkára vetette magát.

Burton could only partly block, and his neck was torn open.

Burton csak részben tudott blokkolni, és a nyaka szétszakadt.

Men rushed in, clubs raised, and drove Buck off the bleeding man.

Férfiak rohantak be, felemelt buzogányokkal, és leterítették Buckot a vérző férfiról.

A surgeon worked quickly to stop the blood from flowing out.

Egy sebész gyorsan dolgozott, hogy elállítsa a vérzést.

Buck paced and growled, trying to attack again and again.

Buck fel-alá járkált és morgott, újra meg újra támadni próbálva.

Only swinging clubs kept him back from reaching Burton.

Csak a lendítő botok tartották vissza attól, hogy elérje Burtont.

A miners' meeting was called and held right there on the spot.

Bányászgyűlést hívtak össze és tartottak meg ott helyben.

They agreed Buck had been provoked and voted to set him free.

Egyetértettek abban, hogy Buckot provokálták, és megszavazták szabadon bocsátását.

But Buck's fierce name now echoed in every camp in Alaska.

De Buck vad neve mostanra Alaszka minden táborában visszhangzott.

Later that fall, Buck saved Thornton again in a new way.

Később, azon az őszön, Buck új módon mentette meg Thorntont.

The three men were guiding a long boat down rough rapids.

A három férfi egy hosszú csónakot irányított lefelé a zuhatagokon.

Thornton maned the boat, calling directions to the shoreline.

Thornton a csónakot kormányozta, és a partvonal felé kiabált.

Hans and Pete ran on land, holding a rope from tree to tree.

Hans és Pete a szárazföldön futottak, egy kötelet tartva fától fáig.

Buck kept pace on the bank, always watching his master.

Buck lépést tartott a parton, mindig a gazdáját figyelve.

At one nasty place, rocks jutted out under the fast water.

Egyik kellemetlen helyen sziklák álltak ki a sebes víz alól.

Hans let go of the rope, and Thornton steered the boat wide.

Hans elengedte a kötelet, Thornton pedig szélesre kormányozta a csónakot.

Hans sprinted to catch the boat again past the dangerous rocks.

Hans rohanva próbálta utolérni a csónakot a veszélyes sziklák között.

The boat cleared the ledge but hit a stronger part of the current.

A hajó átjutott a sziklaperemen, de az áramlat egy erősebb szakaszába ütközött.

Hans grabbed the rope too quickly and pulled the boat off balance.

Hans túl gyorsan megragadta a kötelet, és kibillentette az egyensúlyából a csónakot.

The boat flipped over and slammed into the bank, bottom up.

A csónak felborult, és alulról felfelé a partnak csapódott.

Thornton was thrown out and swept into the wildest part of the water.

Thorntont kidobták, és a víz legvadabb részébe sodorták.

No swimmer could have survived in those deadly, racing waters.

Egyetlen úszó sem élhette volna túl azokban a halálos, száguldó vizekben.

Buck jumped in instantly and chased his master down the river.

Buck azonnal közbelépett, és üldözőbe vette gazdáját a folyó mentén.

After three hundred yards, he reached Thornton at last.

Háromszáz yard után végre elérte Thorntont.

Thornton grabbed Buck's tail, and Buck turned for the shore.

Thornton megragadta Buck farkát, és Buck a part felé fordult.

He swam with full strength, fighting the water's wild drag.

Teljes erőből úszott, küzdve a víz vad sodrásával.

They moved downstream faster than they could reach the shore.

Gyorsabban haladtak lefelé a folyón, mint ahogy elérték a partot.

Ahead, the river roared louder as it fell into deadly rapids.

Előttük a folyó hangosabban zúgott, ahogy halálos zuhatagokba zuhant.

Rocks sliced through the water like the teeth of a huge comb.

A sziklák úgy hasítottak a vízbe, mint egy hatalmas fésű fogai.

The pull of the water near the drop was savage and inescapable.

A csepp közelében lévő víz vonzása vad és elkerülhetetlen volt.

Thornton knew they could never make the shore in time.

Thornton tudta, hogy soha nem érhetnek partra időben.

He scraped over one rock, smashed across a second,

Átsúrolt egy sziklát, áttört egy másikon,

And then he crashed into a third rock, grabbing it with both hands.

Aztán egy harmadik sziklának csapódott, és mindkét kezével megragadta.

He let go of Buck and shouted over the roar, "Go, Buck! Go!"

Elengedte Buckot, és túlkiabálta a bömbölést: „Rajt, Buck! Rajt!"

Buck could not stay afloat and was swept down by the current.

Buck nem tudott a felszínen maradni, és az áramlat elsodorta.

He fought hard, struggling to turn, but made no headway at all.

Keményen küzdött, küszködött a megfordulással, de sehogy sem jutott előre.

Then he heard Thornton repeat the command over the river's roar.

Aztán hallotta, ahogy Thornton megismétli a parancsot a folyó morajlása felett.

Buck reared out of the water, raised his head as if for a last look.

Buck kiágaskodott a vízből, és felemelte a fejét, mintha utoljára pillantana rá.

then turned and obeyed, swimming toward the bank with resolve.

majd megfordult, engedelmeskedett és elszántan a part felé úszott.

Pete and Hans pulled him ashore at the final possible moment.

Pete és Hans az utolsó lehetséges pillanatban húzták partra.

They knew Thornton could cling to the rock for only minutes more.

Tudták, hogy Thornton már csak percekig kapaszkodhat a sziklába.

They ran up the bank to a spot far above where he was hanging.

Felrohantak a parton egy helyre, messze afelett, ahol felakasztották.

They tied the boat's line to Buck's neck and shoulders carefully.

Gondosan Buck nyakához és vállához kötötték a csónak zsinórját.

The rope was snug but loose enough for breathing and movement.

A kötél feszes volt, de elég laza a légzéshez és a mozgáshoz.

Then they launched him into the rushing, deadly river again.

Aztán ismét beledobták a sebesen hömpölygő, halálos folyóba.

Buck swam boldly but missed his angle into the stream's force.

Buck merészen úszott, de elhibázta a megfelelő szöget az áramlat erejével szemben.

He saw too late that he was going to drift past Thornton.

Túl későn vette észre, hogy el fog sodródni Thornton mellett.

Hans jerked the rope tight, as if Buck were a capsizing boat.

Hans megrántotta a kötelet, mintha Buck egy felboruló csónak lenne.

The current pulled him under, and he vanished below the surface.

Az áramlat magával rántotta, és eltűnt a felszín alatt.

His body struck the bank before Hans and Pete pulled him out.

Teste a partnak csapódott, mielőtt Hans és Pete kihúzták volna.

He was half-drowned, and they pounded the water out of him.

Félig megfulladt, és kiöntötték belőle a vizet.

Buck stood, staggered, and collapsed again onto the ground.

Buck felállt, megtántorodott, majd ismét a földre rogyott.

Then they heard Thornton's voice faintly carried by the wind.

Aztán meghallották Thornton hangját, melyet halkan vitt a szél.

Though the words were unclear, they knew he was near death.

Bár a szavak nem voltak világosak, tudták, hogy a halál szélén áll.

The sound of Thornton's voice hit Buck like an electric jolt.

Thornton hangja úgy érte Buckot, mint egy elektromos lökés.

He jumped up and ran up the bank, returning to the launch point.

Felugrott és felrohant a parton, visszatérve az indítóálláshoz.

Again they tied the rope to Buck, and again he entered the stream.

Újra Buckhoz kötötték a kötelet, és ő ismét belépett a patakba.

This time, he swam directly and firmly into the rushing water.

Ezúttal egyenesen és határozottan úszott a sebesen áramló vízbe.

Hans let out the rope steadily while Pete kept it from tangling.

Hans egyenletesen engedte ki a kötelet, miközben Pete ügyelt arra, hogy ne gubancolódjon össze.

Buck swam hard until he was lined up just above Thornton.

Buck keményen úszott, amíg közvetlenül Thornton felett nem egy vonalban nem volt.

Then he turned and charged down like a train in full speed.

Aztán megfordult, és úgy száguldott lefelé, mint egy teljes sebességgel száguldó vonat.

Thornton saw him coming, braced, and locked arms around his neck.

Thornton meglátta közeledni, felkészült, és átkarolta a nyakát.

Hans tied the rope fast around a tree as both were pulled under.

Hans erősen körbekötötte a kötelet egy fán, miközben mindkettőjüket aláhúzták.

They tumbled underwater, smashing into rocks and river debris.

Víz alatt zuhantak, szikláknak és folyami törmeléknek csapódva.

One moment Buck was on top, the next Thornton rose gasping.

Az egyik pillanatban Buck még felült, a következőben Thornton zihálva emelkedett fel.

Battered and choking, they veered to the bank and safety.

Összeverődve és fuldokolva a part felé vették az irányt, biztonságba menekülve.

Thornton regained consciousness, lying across a drift log.

Thornton egy sodródási rönkön fekve tért magához.

Hans and Pete worked him hard to bring back breath and life.

Hans és Pete keményen dolgoztatták, hogy visszaadja a lélegzetét és az életerejét.

His first thought was for Buck, who lay motionless and limp.

Első gondolata Buck volt, aki mozdulatlanul és ernyedten feküdt.

Nig howled over Buck's body, and Skeet licked his face gently.

Nig Buck teste fölött üvöltött, Skeet pedig gyengéden megnyalta az arcát.

Thornton, sore and bruised, examined Buck with careful hands.

Thornton, sebesülten és zúzódásokkal, óvatos kézzel vizsgálgatta Buckot.

He found three ribs broken, but no deadly wounds in the dog.

Három eltört bordát talált, de a kutyán nem voltak halálos sérülések.

"That settles it," Thornton said. "We camp here." And they did.

– Ez eldöntötte a dolgot – mondta Thornton. – Itt táborozunk. És így is tettek.

They stayed until Buck's ribs healed and he could walk again.

Addig maradtak, amíg Buck bordái be nem gyógyultak, és újra járni tudott.

That winter, Buck performed a feat that raised his fame further.

Azon a télen Buck egy olyan hőstettre tett szert, amely tovább növelte hírnevét.

It was less heroic than saving Thornton, but just as impressive.

Kevésbé volt hősies, mint Thornton megmentése, de ugyanolyan lenyűgöző.

At Dawson, the partners needed supplies for a distant journey.

Dawsonban a partnereknek ellátmányra volt szükségük egy hosszú útra.

They wanted to travel East, into untouched wilderness lands.

Keletre akartak utazni, érintetlen vadonba.

Buck's deed in the Eldorado Saloon made that trip possible.

Buck Eldorado Saloonban tett üzlete tette lehetővé ezt az utat.

It began with men bragging about their dogs over drinks.

Azzal kezdődött, hogy a férfiak iszogatás közben a kutyáikkal hencegtek.

Buck's fame made him the target of challenges and doubt.

Buck hírneve kihívások és kétségek célpontjává tette.

Thornton, proud and calm, stood firm in defending Buck's name.

Thornton büszkén és nyugodtan, határozottan kiállt Buck nevének védelmében.

One man said his dog could pull five hundred pounds with ease.

Egy férfi azt mondta, hogy a kutyája könnyedén elhúzhat ötszáz fontot.

Another said six hundred, and a third bragged seven hundred.

Egy másik hatszázat mondott, egy harmadik pedig hétszázzal dicsekedett.

"Pfft!" said John Thornton, "Buck can pull a thousand pound sled."

– Pfúj! – mondta John Thornton. – Buck el tud húzni egy ezer kilós szánt is.

Matthewson, a Bonanza King, leaned forward and challenged him.

Matthewson, egy Bonanza King, előrehajolt és kihívást jelentett neki.

"You think he can put that much weight into motion?"

„Szerinted ekkora súlyt tud mozgatni?"

"And you think he can pull the weight a full hundred yards?"

„És azt hiszed, hogy képes elhúzni a súlyt száz méteren keresztül?"

Thornton replied coolly, "Yes. Buck is dog enough to do it."

Thornton hűvösen válaszolt: „Igen. Buck elég kutya ahhoz, hogy megcsinálja."

"He'll put a thousand pounds into motion, and pull it a hundred yards."

„Ezer fontot mozgat meg, és száz métert is elhúz."

Matthewson smiled slowly and made sure all men heard his words.

Matthewson lassan elmosolyodott, és megbizonyosodott róla, hogy mindenki hallja a szavait.

"I've got a thousand dollars that says he can't. There it is."

„Van egy ezer dollárom, ami azt jelenti, hogy nem teheti meg. Itt van."

He slammed a sack of gold dust the size of sausage on the bar.

Egy kolbásznyi nagyságú aranyporos zsákot vágott a bárpultra.

Nobody said a word. The silence grew heavy and tense around them.

Senki sem szólt egy szót sem. A csend egyre súlyosabbá és feszültté vált körülöttük.

Thornton's bluff—if it was one—had been taken seriously.

Thornton blöffjét – ha egyáltalán blöffnek számított – komolyan vették.

He felt heat rise in his face as blood rushed to his cheeks.

Érezte, hogy forróság száll az arcába, ahogy a vér az arcába ömlik.

His tongue had gotten ahead of his reason in that moment.

A nyelve abban a pillanatban megelőzte az eszét.

He truly didn't know if Buck could move a thousand pounds.

Tényleg nem tudta, hogy Buck képes-e ezer kilót megmozgatni.

Half a ton! The size of it alone made his heart feel heavy.

Fél tonna! Már a mérete is nehézzé tette a szívét.

He had faith in Buck's strength and had thought him capable.

Bízott Buck erejében, és képesnek tartotta rá.

But he had never faced this kind of challenge, not like this.

De még soha nem nézett szembe ilyen kihívással, nem ehhez hasonlóval.

A dozen men watched him quietly, waiting to see what he'd do.

Egy tucat férfi figyelte csendben, várva, mit fog tenni.

He didn't have the money—neither did Hans or Pete.

Nem volt rá pénze – Hansnak és Pete-nek sem.

"I've got a sled outside," said Matthewson coldly and direct.

– Van kint egy szánkóm – mondta Matthewson hidegen és határozottan.

"It's loaded with twenty sacks, fifty pounds each, all flour.

„Húsz zsákkal van megrakva, mindegyik ötven font, mind liszt."

So don't let a missing sled be your excuse now," he added.

Szóval ne egy eltűnt szánkó legyen most a kifogásod" – tette hozzá.

Thornton stood silent. He didn't know what words to offer.

Thornton némán állt. Nem tudta, mit mondjon.

He looked around at the faces without seeing them clearly.

Körülnézett az arcokon anélkül, hogy tisztán látta volna őket.

He looked like a man frozen in thought, trying to restart.

Úgy nézett ki, mint aki gondolataiba merülve próbál újrakezdeni.

Then he saw Jim O'Brien, a friend from the Mastodon days.

Aztán meglátta Jim O'Brient, a Mastodon-kori barátját.

That familiar face gave him courage he didn't know he had.

Az ismerős arc olyan bátorságot adott neki, amiről nem is tudott.

He turned and asked in a low voice, "Can you lend me a thousand?"

Megfordult, és halkan megkérdezte: „Tudnál kölcsönadni nekem ezrest?"

"Sure," said O'Brien, dropping a heavy sack by the gold already.

– Persze – mondta O'Brien, és máris elejtett egy nehéz zsákot az arany mellett.

"But truthfully, John, I don't believe the beast can do this."

„De őszintén szólva, John, nem hiszem, hogy a szörnyeteg képes lenne erre."

Everyone in the Eldorado Saloon rushed outside to see the event.

Az Eldorado Szalonban mindenki kiszaladt, hogy lássa az eseményt.

They left tables and drinks, and even the games were paused.

Elhagyták az asztalokat és az italokat, sőt, még a játékokat is szüneteltették.

Dealers and gamblers came to witness the bold wager's end.

Osztók és szerencsejátékosok gyűltek össze, hogy tanúi legyenek a merész fogadás végének.

Hundreds gathered around the sled in the icy open street.

Több százan gyűltek össze a szánkó körül a jeges, nyílt utcán.

Matthewson's sled stood with a full load of flour sacks.

Matthewson szánja tele volt liszteszsákokkal.

The sled had been sitting for hours in minus temperatures.

A szán órák óta állt mínuszokban.

The sled's runners were frozen tight to the packed-down snow.

A szánkó talpai szorosan odafagytak a letaposott hóhoz.

Men offered two-to-one odds that Buck could not move the sled.

A férfiak kétszeres oddsot tettek arra, hogy Buck nem tudja megmozdítani a szánt.

A dispute broke out about what "break out" really meant.

Vita alakult ki arról, hogy mit is jelent valójában a „kitörés".

O'Brien said Thornton should loosen the sled's frozen base.

O'Brien azt mondta Thorntonnak, hogy lazítsa meg a szánkó befagyott talpát.

Buck could then "break out" from a solid, motionless start.

Buck ezután „kitörhetett" egy szilárd, mozdulatlan kezdetből.

Matthewson argued the dog must break the runners free too.

Matthewson azzal érvelt, hogy a kutyának a futókat is ki kell szabadítania.

The men who had heard the bet agreed with Matthewson's view.

A férfiak, akik hallották a fogadást, egyetértettek Matthewson nézetével.

With that ruling, the odds jumped to three-to-one against Buck.

Ezzel a döntéssel az esélyek három az egyhez ugrottak Buck ellen.

No one stepped forward to take the growing three-to-one odds.

Senki sem lépett elő, hogy elfogadja a növekvő háromszoros esélyt.

Not a single man believed Buck could perform the great feat.

Egyetlen ember sem hitte, hogy Buck képes lenne erre a nagy tettre.

Thornton had been rushed into the bet, heavy with doubts.

Thorntont sietve, kétségek gyötörték, sürgették a fogadást.

Now he looked at the sled and the ten-dog team beside it.

Most a szánt és a mellette lévő tízkutyás fogatot nézte.

Seeing the reality of the task made it seem more impossible.

A feladat valóságának láttán az még lehetetlenebbnek tűnt.

Matthewson was full of pride and confidence in that moment.

Matthewson abban a pillanatban tele volt büszkeséggel és magabiztossággal.

"Three to one!" he shouted. "I'll bet another thousand, Thornton!

– Három az egyhez! – kiáltotta. – Fogadok még ezerbe, Thornton!

What do you say?" he added, loud enough for all to hear.

– Mit mondasz? – tette hozzá elég hangosan ahhoz, hogy mindenki hallja.

Thornton's face showed his doubts, but his spirit had risen.

Thornton arcán látszottak a kétségek, de a lelkesedés már javult.

That fighting spirit ignored odds and feared nothing at all.

Ez a harci szellem figyelmen kívül hagyta az esélyeket, és semmitől sem félt.

He called Hans and Pete to bring all their cash to the table.

Felhívta Hanst és Pete-et, hogy hozzák össze az összes pénzüket.

They had little left—only two hundred dollars combined.

Kevés pénzük maradt – összesen csak kétszáz dollár.

This small sum was their total fortune during hard times.

Ez a kis összeg jelentette a teljes vagyonukat a nehéz időkben.

Still, they laid all of the fortune down against Matthewson's bet.

Mégis, az összes vagyonukat Matthewson fogadására tették fel.

The ten-dog team was unhitched and moved away from the sled.

A tíz kutyából álló csapatot leválasztották a szánról, és elhúztak a szánkótól.

Buck was placed in the reins, wearing his familiar harness.

Buckot a gyeplőbe helyezték, és a hátán viselte a megszokott hámját.

He had caught the energy of the crowd and felt the tension.

Érezte a tömeg energiáját és a feszültséget.

Somehow, he knew he had to do something for John Thornton.

Valahogy tudta, hogy tennie kell valamit John Thorntonért.

People murmured with admiration at the dog's proud figure.

Az emberek csodálattal mormogtak a kutya büszke alakjára.

He was lean and strong, without a single extra ounce of flesh.

Sovány és erős volt, egyetlen grammnyi felesleges hús nélkül.

His full weight of hundred fifty pounds was all power and endurance.

Százötven fontnyi teljes súlya csupa erő és kitartás volt.

Buck's coat gleamed like silk, thick with health and strength.

Buck bundája selyemként csillogott, egészségtől és erőtől átitatva.

The fur along his neck and shoulders seemed to lift and bristle.

A nyakán és a vállán a szőr mintha felpúposodott volna és felborzolódott volna.

His mane moved slightly, each hair alive with his great energy.

Sörénye kissé megmozdult, minden egyes szőrszála életre kelt hatalmas energiájától.

His broad chest and strong legs matched his heavy, tough frame.

Széles mellkasa és erős lábai tökéletesen illettek nehézkes, szívós testalkatához.

Muscles rippled under his coat, tight and firm as bound iron.

Izmai hullámoztak a kabátja alatt, feszesek és szilárdak, mint a megkötött vas.

Men touched him and swore he was built like a steel machine.

A férfiak megérintették, és megesküdtek, hogy úgy van felépítve, mint egy acélszerkezet.

The odds dropped slightly to two to one against the great dog.

Az esélyek kissé csökkentek, kettő az egyhez a nagy kutya ellen.

A man from the Skookum Benches pushed forward, stuttering.

Egy férfi a Skookum padokról dadogva előretolta magát.

"Good, sir! I offer eight hundred for him—before the test, sir!"

„Rendben van, uram! Nyolcszázat ajánlok érte… a próba előtt, uram!"

"Eight hundred, as he stands right now!" the man insisted.

„Nyolcszáz, ahogy most áll!" – erősködött a férfi.

Thornton stepped forward, smiled, and shook his head calmly.

Thornton előrelépett, elmosolyodott, és nyugodtan megrázta a fejét.

Matthewson quickly stepped in with a warning voice and frown.

Matthewson gyorsan közbelépett figyelmeztető hangon és összevont szemöldökkel.

"You must step away from him," he said. "Give him space."

„El kell távolodnod tőle" – mondta. „Adj neki teret."

The crowd grew silent; only gamblers still offered two to one.

A tömeg elcsendesedett; csak a szerencsejátékosok ajánlottak még mindig kettőt az egyhez.

Everyone admired Buck's build, but the load looked too great.

Mindenki csodálta Buck testalkatát, de a rakomány túl nagynak tűnt.

Twenty sacks of flour—each fifty pounds in weight— seemed far too much.

Húsz zsák liszt – egyenként ötven font súlyú – túl soknak tűnt.

No one was willing to open their pouch and risk their money.

Senki sem volt hajlandó kinyitni az erszényét és kockáztatni a pénzét.

Thornton knelt beside Buck and took his head in both hands.

Thornton letérdelt Buck mellé, és két kezébe fogta a fejét.

He pressed his cheek against Buck's and spoke into his ear.

Arcát Buck arcához nyomta, és a fülébe suttogott.

There was no playful shaking or whispered loving insults now.

Most nem volt játékos rázogatás vagy suttogott szerelmes sértések.

He only murmured softly, "As much as you love me, Buck."

Csak halkan mormolta: „Amennyire szeretsz, Buck."

Buck let out a quiet whine, his eagerness barely restrained.

Buck halkan nyüszített, alig fékezte a lelkesedését.

The onlookers watched with curiosity as tension filled the air.

A nézők kíváncsian figyelték, ahogy a feszültség betöltötte a levegőt.

The moment felt almost unreal, like something beyond reason.

A pillanat szinte valószerűtlennek tűnt, mint valami értelmetlen dolog.

When Thornton stood, Buck gently took his hand in his jaws.

Amikor Thornton felállt, Buck gyengéden megfogta a kezét.

He pressed down with his teeth, then let go slowly and gently.

Fogaival lenyomta, majd lassan és gyengéden elengedte.

It was a silent answer of love, not spoken, but understood.

A szeretet néma válasza volt, nem kimondva, hanem megértve.

Thornton stepped well back from the dog and gave the signal.

Thornton jó messzire hátrébb lépett a kutyától, és megadta a jelet.

"Now, Buck," he said, and Buck responded with focused calm.

– Na, Buck – mondta, mire Buck nyugodtan válaszolt.

Buck tightened the traces, then loosened them by a few inches.

Buck meghúzta a szíjakat, majd néhány centivel meglazította őket.

This was the method he had learned; his way to break the sled.

Ezt a módszert tanulta meg; így törte össze a szánt.

"Gee!" Thornton shouted, his voice sharp in the heavy silence.

– Hűha! – kiáltotta Thornton éles hangon a nehéz csendben.

Buck turned to the right and lunged with all of his weight.

Buck jobbra fordult, és teljes súlyával előrelendült.

The slack vanished, and Buck's full mass hit the tight traces.

A lazaság eltűnt, és Buck teljes súlyával a feszes sínre csapódott.

The sled trembled, and the runners made a crisp crackling sound.

A szán remegett, a talpak pedig ropogós, ropogó hangot adtak ki.

"Haw!" Thornton commanded, shifting Buck's direction again.

– Haw! – parancsolta Thornton, ismét Buck irányát váltva.

Buck repeated the move, this time pulling sharply to the left.

Buck megismételte a mozdulatot, ezúttal élesen balra húzódott.

The sled cracked louder, the runners snapping and shifting.

A szán hangosabban recsegett, a talpak recsegtek és mozdultak.

The heavy load slid slightly sideways across the frozen snow.

A nehéz teher kissé oldalra csúszott a fagyott havon.

The sled had broken free from the grip of the icy trail!

A szánkó kiszabadult a jeges ösvény szorításából!

Men held their breath, unaware they were not even breathing.

A férfiak visszatartották a lélegzetüket, nem is sejtették, hogy nem lélegznek.

"Now, PULL!" Thornton cried out across the frozen silence.

„Most HÚZZATOK!" – kiáltotta Thornton a dermedt csendben.

Thornton's command rang out sharp, like the crack of a whip.

Thornton parancsa élesen harsant, mint egy ostor csattanása.

Buck hurled himself forward with a fierce and jarring lunge.

Buck egy vad és rázkódással előrevetette magát.

His whole frame tensed and bunched for the massive strain.

Az egész teste megfeszült és összerándult a hatalmas nyomástól.

Muscles rippled under his fur like serpents coming alive.

Izmai úgy hullámoztak a bundája alatt, mint életre kelő kígyók.

His great chest was low, head stretched forward toward the sled.

Hatalmas mellkasa alacsonyan volt, feje előrenyújtva a szánkó felé.

His paws moved like lightning, claws slicing the frozen ground.

Mancsai villámként mozogtak, karmaikkal hasították a fagyott földet.

Grooves were cut deep as he fought for every inch of traction.

Mély barázdákat vágott a talaj, miközben minden négyzetcentiméternyi tapadásért küzdött.

The sled rocked, trembled, and began a slow, uneasy motion.

A szánkó ringatózott, remegett, és lassú, nyugtalan mozgásba kezdett.

One foot slipped, and a man in the crowd groaned aloud.

Megcsúszott az egyik lába, és egy férfi a tömegben hangosan felnyögött.

Then the sled lunged forward in a jerking, rough movement.

Aztán a szánkó rángatózó, durva mozdulattal előrelendült.

It didn't stop again — half an inch...an inch...two inches more.

Nem állt meg újra – fél hüvelyk... egy hüvelyk... még öt hüvelyk.

The jerks became smaller as the sled began to gather speed.

A rándulások egyre kisebbek lettek, ahogy a szánkó
sebességet kezdett gyűjteni.

Soon Buck was pulling with smooth, even, rolling power.

Buck hamarosan sima, egyenletes, guruló erővel húzott.

Men gasped and finally remembered to breathe again.

A férfiak felnyögtek, és végre eszébe jutott újra levegőt venni.

They had not noticed their breath had stopped in awe.

Nem vették észre, hogy a lélegzetük elállt a félelemtől.

Thornton ran behind, calling out short, cheerful commands.

Thornton mögöttük futott, rövid, vidám parancsokat kiabálva.

Ahead was a stack of firewood that marked the distance.

Előttük egy tűzifahalom jelezte a távolságot.

**As Buck neared the pile, the cheering grew louder and
louder.**

Ahogy Buck közeledett a halomhoz, az éljenzés egyre
hangosabb lett.

**The cheering swelled into a roar as Buck passed the end
point.**

Az éljenzés üvöltéssé erősödött, ahogy Buck elhaladt a
végpont mellett.

**Men jumped and shouted, even Matthewson broke into a
grin.**

A férfiak ugráltak és kiabáltak, még Matthewson is
elvigyorodott.

**Hats flew into the air, mittens were tossed without thought
or aim.**

Kalapok repültek a levegőbe, kesztyűk dobálóztak
gondolkodás és céltalanul.

**Men grabbed each other and shook hands without knowing
who.**

A férfiak megragadták egymást, és kezet fogtak egymással,
anélkül, hogy tudták volna, kivel.

The whole crowd buzzed in wild, joyful celebration.

Az egész tömeg vad, örömteli ünneplésben zümmögött.

**Thornton dropped to his knees beside Buck with trembling
hands.**

Thornton remegő kézzel rogyott térdre Buck mellett.

He pressed his head to Buck's and shook him gently back and forth.

Fejét Buck fejéhez nyomta, és gyengéden előre-hátra rázta.

Those who approached heard him curse the dog with quiet love.

Akik közeledtek, hallották, ahogy csendes szeretettel átkozza a kutyát.

He swore at Buck for a long time—softly, warmly, with emotion.

Hosszan káromkodott Buckkal – halkan, melegen, érzelmesen.

"Good, sir! Good, sir!" cried the Skookum Bench king in a rush.

– Jó, uram! Jó, uram! – kiáltotta sietve a Skookum pad királya.

"I'll give you a thousand—no, twelve hundred—for that dog, sir!"

„Ezret... nem, ezerkétszázat... adok azért a kutyáért, uram!"

Thornton rose slowly to his feet, his eyes shining with emotion.

Thornton lassan feltápászkodott, szeme csillogott az érzelmektől.

Tears streamed openly down his cheeks without any shame.

Könnyek patakokban folytak az arcán, minden szégyenkezés nélkül.

"Sir," he said to the Skookum Bench king, steady and firm

– Uram – mondta a Skookum pad királyának szilárdan és határozottan.

"No, sir. You can go to hell, sir. That's my final answer."

„Nem, uram. Mehet a pokolba, uram. Ez a végső válaszom."

Buck grabbed Thornton's hand gently in his strong jaws.

Buck erős állkapcsával gyengéden megragadta Thornton kezét.

Thornton shook him playfully, their bond deep as ever.

Thornton játékosan megrázta, a köztük lévő kötelék továbbra is mély volt.

The crowd, moved by the moment, stepped back in silence.

A pillanatnyi meghatottságtól meghatott tömeg csendben hátrált.

From then on, none dared interrupt such sacred affection.
Attól kezdve senki sem merte félbeszakítani ezt a szent szeretetet.

The Sound of the Call
A hívás hangja

Buck had earned sixteen hundred dollars in five minutes.
Buck öt perc alatt tizenhatszáz dollárt keresett.
The money let John Thornton pay off some of his debts.
A pénz lehetővé tette John Thornton számára, hogy kifizesse adósságainak egy részét.
With the rest of the money he headed East with his partners.
A maradék pénzzel keletre indult a társaival.
They sought a fabled lost mine, as old as the country itself.
Egy legendás elveszett bányát kerestek, amely olyan régi, mint maga az ország.
Many men had looked for the mine, but few had ever found it.
Sokan keresték a bányát, de kevesen találták meg.
More than a few men had vanished during the dangerous quest.
A veszélyes küldetés során jó néhány ember tűnt el.
This lost mine was wrapped in both mystery and old tragedy.
Ez az elveszett bánya rejtélybe és régi tragédiába burkolózott.
No one knew who the first man to find the mine had been.
Senki sem tudta, ki volt az első ember, aki megtalálta a bányát.
The oldest stories don't mention anyone by name.
A legrégebbi történetek senkit sem említenek név szerint.
There had always been an ancient ramshackle cabin there.
Mindig is állt ott egy régi, romos kunyhó.

Dying men had sworn there was a mine next to that old cabin.

A haldoklók megesküdtek, hogy egy bánya van a régi kunyhó mellett.

They proved their stories with gold like none found elsewhere.

Olyan arannyal bizonyították történetüket, amilyet sehol máshol nem találtak.

No living soul had ever looted the treasure from that place.

Élő lélek sem zsákmányolta még soha a kincset arról a helyről.

The dead were dead, and dead men tell no tales.

A halottak halottak voltak, és a halottak nem mesélnek.

So Thornton and his friends headed into the East.

Thornton és barátai tehát kelet felé vették az irányt.

Pete and Hans joined, bringing Buck and six strong dogs.

Pete és Hans csatlakoztak, magukkal hozva Buckot és hat erős kutyát.

They set off down an unknown trail where others had failed.

Ismeretlen ösvényen indultak el, ahol mások kudarcot vallottak.

They sledded seventy miles up the frozen Yukon River.

Hetven mérföldet szánkóztak felfelé a befagyott Yukon folyón.

They turned left and followed the trail into the Stewart.

Balra fordultak, és követték az ösvényt a Stewart-folyóba.

They passed the Mayo and McQuestion, pressing farther on.

Elhagyták a Mayo és a McQuestion folyót, és egyre messzebbre nyomultak.

The Stewart shrank into a stream, threading jagged peaks.

A Stewart folyóvá zsugorodott, csipkézett csúcsok között kanyarogva.

These sharp peaks marked the very spine of the continent.

Ezek az éles csúcsok jelölték a kontinens gerincét.

John Thornton demanded little from men or the wild land.

John Thornton keveset követelt az emberektől vagy a vad földtől.

He feared nothing in nature and faced the wild with ease.

Semmitől sem félt a természetben, és könnyedén szembenézett a vadonnal.

With only salt and a rifle, he could travel where he wished.

Csak sóval és egy puskával utazhatott, ahová csak akart.

Like the natives, he hunted food while he journeyed along.

A bennszülöttekhez hasonlóan ő is vadászott élelemre, miközben utazott.

If he caught nothing, he kept going, trusting luck ahead.

Ha nem fogott semmit, folytatta útját, bízva a szerencsében.

On this long journey, meat was the main thing they ate.

Ezen a hosszú úton a hús volt a fő táplálékuk.

The sled held tools and ammo, but no strict timetable.

A szán szerszámokat és lőszert tartalmazott, de nem volt szigorú menetrend.

Buck loved this wandering; the endless hunt and fishing.

Buck imádta ezt a vándorlást; a végtelen vadászatot és horgászatot.

For weeks they were traveling day after steady day.

Heteken át utaztak nap mint nap.

Other times they made camps and stayed still for weeks.

Máskor tábort vertek, és hetekig mozdulatlanul maradtak.

The dogs rested while the men dug through frozen dirt.

A kutyák pihentek, miközben a férfiak a fagyott földben ástak.

They warmed pans over fires and searched for hidden gold.

Tűz felett melegítették a serpenyőket, és rejtett aranyat kerestek.

Some days they starved, and some days they had feasts.

Voltak napok, amikor éheztek, és voltak napok, amikor lakomákat rendeztek.

Their meals depended on the game and the luck of the hunt.

Étkezésük a vadtól és a vadászat szerencséjétől függött.

When summer came, men and dogs packed loads on their backs.

Amikor eljött a nyár, a férfiak és a kutyák rakományt pakoltak a hátukra.

They rafted across blue lakes hidden in mountain forests.

Hegyi erdőkben megbúvó kék tavakon eveztek át.

They sailed slim boats on rivers no man had ever mapped.
Karcsú csónakokkal vitorláztak olyan folyókon, amelyeket
ember még soha nem térképezett fel.
Those boats were built from trees they sawed in the wild.
Azokat a hajókat a vadonban kivágott fákból építették.

**The months passed, and they twisted through the wild
unknown lands.**
Teltek a hónapok, ők pedig vad, ismeretlen vidékeken
bolyongtak.
**There were no men there, yet old traces hinted that men had
been.**
Nem voltak ott férfiak, de a régi nyomok arra utaltak, hogy
voltak ott férfiak.
**If the Lost Cabin was real, then others had once come this
way.**
Ha az Elveszett Kunyhó valóságos volt, akkor mások is jártak
már erre.
**They crossed high passes in blizzards, even during the
summer.**
Magas hágókon keltek át hóviharokban, még nyáron is.
**They shivered under the midnight sun on bare mountain
slopes.**
Vacogtak az éjféli nap alatt a kopár hegyoldalakon.
**Between the treeline and the snowfields, they climbed
slowly.**
A fasor és a hómezők között lassan kapaszkodtak felfelé.
In warm valleys, they swatted at clouds of gnats and flies.
Meleg völgyekben szúnyog- és legyfelhőket csapkodtak.
**They picked sweet berries near glaciers in full summer
bloom.**
Teljes nyári virágzásban édes bogyókat szedtek a gleccserek
közelében.
**The flowers they found were as lovely as those in the
Southland.**
A virágok, amiket találtak, ugyanolyan szépek voltak, mint a
Délvidéken.

That fall they reached a lonely region filled with silent lakes.

Azon az őszön egy magányos vidékre értek, tele csendes tavakkal.

The land was sad and empty, once alive with birds and beasts.

A föld szomorú és üres volt, valaha madaraktól és állatoktól élt.

Now there was no life, just the wind and ice forming in pools.

Most már nem volt élet, csak a szél és a tócsákban képződő jég.

Waves lapped against empty shores with a soft, mournful sound.

A hullámok halk, gyászos hanggal csapkodták az üres partokat.

Another winter came, and they followed faint, old trails again.

Újabb tél jött, és ismét halvány, régi ösvényeket követtek.

These were the trails of men who had searched long before them.

Ezek azoknak a férfiaknak a nyomai voltak, akik már jóval előttük kerestek.

Once they found a path cut deep into the dark forest.

Egyszer csak találtak egy ösvényt, ami mélyen a sötét erdőbe vezetett.

It was an old trail, and they felt the lost cabin was close.

Régi ösvény volt, és úgy érezték, hogy az elveszett kunyhó a közelben van.

But the trail led nowhere and faded into the thick woods.

De az ösvény sehová sem vezetett, és beleveszett a sűrű erdőbe.

Whoever made the trail, and why they made it, no one knew.

Ki tette meg az ösvényt, és miért, senki sem tudta.

Later, they found the wreck of a lodge hidden among the trees.

Később megtalálták a fák között megbúvó kunyhó roncsait.

Rotting blankets lay scattered where someone once had slept.

Rohadó takarók hevertek szanaszét ott, ahol valaha valaki aludt.

John Thornton found a long-barreled flintlock buried inside.

John Thornton egy hosszú csövű kovás puskát talált elásva a belsejében.

He knew this was a Hudson Bay gun from early trading days.

Tudta, hogy ez egy Hudson Bay-i fegyver, még a kereskedés korai napjaiból.

In those days such guns were traded for stacks of beaver skins.

Azokban az időkben az ilyen fegyvereket hódbőrkötegekért adták el.

That was all—no clue remained of the man who built the lodge.

Ennyi volt az egész – semmi nyoma sem maradt annak az embernek, aki a kunyhót építette.

Spring came again, and they found no sign of the Lost Cabin.

Újra eljött a tavasz, és az Elveszett Kunyhónak semmi jelét nem találták.

Instead they found a broad valley with a shallow stream.

Ehelyett egy széles völgyet találtak sekély patakkal.

Gold lay across the pan bottoms like smooth, yellow butter.

Az arany sima, sárga vajként feküdt a serpenyők alján.

They stopped there and searched no farther for the cabin.

Megálltak ott, és nem keresték tovább a kunyhót.

Each day they worked and found thousands in gold dust.

Minden nap dolgoztak, és ezreket találtak aranyporban.

They packed the gold in bags of moose-hide, fifty pounds each.

Ötven font súlyú jávorszarvasbőr zsákokba csomagolták az aranyat.

The bags were stacked like firewood outside their small lodge.

A zsákok tűzifaként hevertek egymásra halmozva a kis kunyhójuk előtt.

They worked like giants, and the days passed like quick dreams.

Óriásokként dolgoztak, a napok pedig gyorsan teltek, mint az álom.

They heaped up treasure as the endless days rolled swiftly by.

Kincset halmoztak fel, ahogy a végtelen napok gyorsan teltek.

There was little for the dogs to do except haul meat now and then.

A kutyáknak nem sok dolguk akadt, azon kívül, hogy néha-néha húst cipeltek.

Thornton hunted and killed the game, and Buck lay by the fire.

Thornton vadászott és ejtette a vadat, Buck pedig a tűz mellett feküdt.

He spent long hours in silence, lost in thought and memory.

Hosszú órákat töltött csendben, elveszve a gondolataiban és az emlékeiben.

The image of the hairy man came more often into Buck's mind.

A szőrös férfi képe egyre gyakrabban jelent meg Buck elméjében.

Now that work was scarce, Buck dreamed while blinking at the fire.

Most, hogy kevés volt a munka, Buck a tűzbe pislogva álmodozott.

In those dreams, Buck wandered with the man in another world.

Ezekben az álmokban Buck a férfival bolyongott egy másik világban.

Fear seemed the strongest feeling in that distant world.

A félelem tűnt a legerősebb érzésnek abban a távoli világban.

Buck saw the hairy man sleep with his head bowed low.

Buck látta, hogy a szőrös férfi lehajtott fejjel alszik.

His hands were clasped, and his sleep was restless and broken.

Kezei összekulcsolva voltak, álma nyugtalan és megszakadt volt.

He used to wake with a start and stare fearfully into the dark.

Riadtan ébredt, és félelemmel bámult a sötétbe.

Then he'd toss more wood onto the fire to keep the flame bright.

Aztán még fát tett a tűzre, hogy a láng élénk maradjon.

Sometimes they walked along a beach by a gray, endless sea.

Néha a szürke, végtelen tenger partján sétáltak.

The hairy man picked shellfish and ate them as he walked.

A szőrös férfi kagylókat szedett és evett belőlük menet közben.

His eyes searched always for hidden dangers in the shadows.

Szeme mindig a homályban rejlő veszélyeket kereste.

His legs were always ready to sprint at the first sign of threat.

A lábai mindig készen álltak, hogy az első fenyegetésre sprintelni tudjanak.

They crept through the forest, silent and wary, side by side.

Némán és óvatosan, egymás mellett lopakodtak át az erdőn.

Buck followed at his heels, and both of them stayed alert.

Buck a nyomában követte, és mindketten éberek maradtak.

Their ears twitched and moved, their noses sniffed the air.

Fülük rángatózott és mozgott, orruk a levegőt szimatolta.

The man could hear and smell the forest as sharply as Buck.

A férfi ugyanolyan élesen hallotta és szagolta az erdőt, mint Buck.

The hairy man swung through the trees with sudden speed.

A szőrös férfi hirtelen sebességgel átlendült a fák között.

He leapt from branch to branch, never missing his grip.

Ágról ágra ugrált, soha nem tévedett el a szorításából.

He moved as fast above the ground as he did upon it.

Ugyanolyan gyorsan mozgott a föld felett, mint rajta.

Buck remembered long nights beneath the trees, keeping watch.

Buck emlékezett a fák alatt töltött hosszú éjszakákra, miközben virrasztott.

The man slept roosting in the branches, clinging tight.

A férfi az ágakon aludt, szorosan kapaszkodva.

This vision of the hairy man was tied closely to the deep call.

A szőrös férfiról alkotott vízió szorosan kötődött a mély híváshoz.

The call still sounded through the forest with haunting force.

A hívás még mindig kísérteties erővel hallatszott az erdőn keresztül.

The call filled Buck with longing and a restless sense of joy.

A hívás vágyakozással és nyugtalan örömmel töltötte el Buckot.

He felt strange urges and stirrings that he could not name.

Furcsa késztetéseket és izgalmakat érzett, amiket nem tudott megnevezni.

Sometimes he followed the call deep into the quiet woods.

Néha követte a hívást a csendes erdő mélyére.

He searched for the calling, barking softly or sharply as he went.

Kereste a hívást, menet közben halkan vagy élesen ugatott.

He sniffed the moss and black soil where the grasses grew.

Megszagolgatta a mohát és a fekete földet, ahol a fű nőtt.

He snorted with delight at the rich smells of the deep earth.

Gyönyörrel felhorkant a mély föld gazdag illatától.

He crouched for hours behind trunks covered in fungus.

Órákig kuporgott gombával borított fatörzsek mögött.

He stayed still, listening wide-eyed to every tiny sound.

Mozdulatlanul állt, tágra nyílt szemekkel figyelve minden apró neszre.

He may have hoped to surprise the thing that gave the call.

Talán abban reménykedett, hogy meglepi azt, ami a hívást kezdeményezte.

He did not know why he acted this way — he simply did.

Nem tudta, miért viselkedett így – egyszerűen csak tudta.

The urges came from deep within, beyond thought or reason.

A késztetések mélyről fakadtak, a gondolaton és az észszerűségen túlról.

Irresistible urges took hold of Buck without warning or reason.

Ellenállhatatlan késztetések vették hatalmába Buckot minden előzetes figyelmeztetés és ok nélkül.

At times he was dozing lazily in camp under the midday heat.

Időnként lustán szundikált a táborban a déli hőségben.

Suddenly, his head lifted and his ears shoot up alert.

Hirtelen felemelte a fejét, és fülei éberen hegyezték a levegőt.

Then he sprang up and dash into the wild without pause.

Aztán felugrott, és megállás nélkül berohant a vadonba.

He ran for hours through forest paths and open spaces.

Órákon át futott erdei ösvényeken és nyílt tereken.

He loved to follow dry creek beds and spy on birds in the trees.

Szerette a kiszáradt patakmedreket követni és a fákon ülő madarakat kémlelni.

He could lie hidden all day, watching partridges strut around.

Egész nap rejtőzködhetett volna, és nézhette volna a ficánkoló foglyokat.

They drummed and marched, unaware of Buck's still presence.

Doboltak és meneteltek, mit sem sejtve Buck jelenlétéről.

But what he loved most was running at twilight in summer.

De amit a legjobban szeretett, az a nyári alkonyatkor való futás volt.

The dim light and sleepy forest sounds filled him with joy.

A halvány fény és az álmos erdei hangok örömmel töltötték el.

He read the forest signs as clearly as a man reads a book.

Olyan tisztán olvasta az erdei jeleket, mint ahogy egy ember egy könyvet.

And he searched always for the strange thing that called him.

És mindig kereste azt a különös dolgot, ami hívta.

That calling never stopped—it reached him waking or sleeping.

A hívás soha nem szűnt meg – elérte őt ébren vagy alva.

One night, he woke with a start, eyes sharp and ears high.

Egyik éjjel riadtan ébredt, éles szemekkel és felemelt fülekkel.

His nostrils twitched as his mane stood bristling in waves.

Orrlyukai megrándultak, miközben sörénye hullámokban állt.

From deep in the forest came the sound again, the old call.

Az erdő mélyéről ismét felhangzott a hang, a régi hívás.

This time the sound rang clearly, a long, haunting, familiar howl.

Ezúttal a hang tisztán csengett, egy hosszú, kísérteties, ismerős üvöltés.

It was like a husky's cry, but strange and wild in tone.

Olyan volt, mint egy husky kiáltása, de furcsa és vad hangvételű.

Buck knew the sound at once—he had heard the exact sound long ago.

Buck azonnal felismerte a hangot – régen már hallotta pontosan ugyanazt a hangot.

He leapt through camp and vanished swiftly into the woods.

Átugrott a táboron, és gyorsan eltűnt az erdőben.

As he neared the sound, he slowed and moved with care.

Ahogy közeledett a hanghoz, lelassított és óvatosan mozgott.

Soon he reached a clearing between thick pine trees.

Hamarosan egy tisztásra ért sűrű fenyőfák között.

There, upright on its haunches, sat a tall, lean timber wolf.

Ott, egyenesen a guggoló lábaira ereszkedve, egy magas, sovány, fafarkas ült.

The wolf's nose pointed skyward, still echoing the call.
A farkas orra az ég felé meredt, még mindig a kiáltást visszhangozva.
Buck had made no sound, yet the wolf stopped and listened.
Buck nem adott ki hangot, a farkas mégis megállt és hallgatózott.
Sensing something, the wolf tensed, searching the darkness.
A farkas megérzett valamit, megfeszült, és a sötétséget kutatta.
Buck crept into view, body low, feet quiet on the ground.
Buck bekúszott a látómezőbe, alacsony testtel, mozdulatlan lábbal a földön.
His tail was straight, his body coiled tight with tension.
Farka egyenes volt, teste feszülten gömbölyödött.
He showed both threat and a kind of rough friendship.
Fenyegetést és egyfajta durva barátságot is mutatott.
It was the wary greeting shared by beasts of the wild.
Ez volt a vadállatok által megszokott óvatos üdvözlés.
But the wolf turned and fled as soon as it saw Buck.
De a farkas megfordult és elmenekült, amint meglátta Buckot.
Buck gave chase, leaping wildly, eager to overtake it.
Buck üldözőbe vette, vadul ugrálva, alig várva, hogy utolérje.
He followed the wolf into a dry creek blocked by a timber jam.
Követte a farkast egy kiszáradt patakhoz, amelyet egy fatorlódás zárt el.
Cornered, the wolf spun around and stood its ground.
A sarokba szorított farkas megpördült, és megállt a helyén.
The wolf snarled and snapped like a trapped husky dog in a fight.
A farkas vicsorgott és csattant, mint egy verekedésben csapdába esett husky.
The wolf's teeth clicked fast, its body bristling with wild fury.
A farkas fogai gyorsan kattantak, teste vad dühtől izzott.
Buck did not attack but circled the wolf with careful friendliness.

Buck nem támadott, hanem óvatos barátságossággal kerülte meg a farkast.

He tried to block his escape by slow, harmless movements.

Lassú, ártalmatlan mozdulatokkal próbálta megakadályozni a menekülést.

The wolf was wary and scared — Buck outweighed him three times.

A farkas óvatos és félős volt – Buck háromszor is túlerőben volt nála.

The wolf's head barely reached up to Buck's massive shoulder.

A farkas feje alig ért fel Buck hatalmas válláig.

Watching for a gap, the wolf bolted and the chase began again.

A farkas egy rést keresve elszaladt, és az üldözés újra kezdődött.

Several times Buck cornered him, and the dance repeated.

Buck többször is sarokba szorította, és a tánc megismétlődött.

The wolf was thin and weak, or Buck could not have caught him.

A farkas sovány és gyenge volt, különben Buck nem kaphatta volna el.

Each time Buck drew near, the wolf spun and faced him in fear.

Valahányszor Buck közelebb ért, a farkas megpördült és félelemmel telve nézett rá.

Then at the first chance, he dashed off into the woods once more.

Aztán az első adandó alkalommal ismét berontott az erdőbe.

But Buck did not give up, and finally the wolf came to trust him.

De Buck nem adta fel, és végül a farkas megbízott benne.

He sniffed Buck's nose, and the two grew playful and alert.

Megszagolta Buck orrát, mire a két férfi játékossá és éberté vált.

They played like wild animals, fierce yet shy in their joy.

Úgy játszottak, mint a vadállatok, vadak, mégis félénkek az örömükben.

After a while, the wolf trotted off with calm purpose.

Egy idő múlva a farkas nyugodt céltudatosan elügetett.

He clearly showed Buck that he meant to be followed.

Világosan megmutatta Bucknak, hogy követni akarja.

They ran side by side through the twilight gloom.

Egymás mellett futottak az alkonyati homályban.

They followed the creek bed up into the rocky gorge.

A patak medrét követve felértek a sziklás szurdokba.

They crossed a cold divide where the stream had begun.

Átkeltek egy hideg szakadékon, ahol a patak elkezdődött.

On the far slope they found wide forest and many streams.

A túlsó lejtőn széles erdőre és számos patakra bukkantak.

Through this vast land, they ran for hours without stopping.

Órákon át rohantak megállás nélkül ezen a hatalmas földön.

The sun rose higher, the air grew warm, but they ran on.

A nap magasabbra emelkedett, a levegő melegedett, de ők tovább futottak.

Buck was filled with joy—he knew he was answering his calling.

Buckot öröm töltötte el – tudta, hogy válaszol a hívására.

He ran beside his forest brother, closer to the call's source.

Erdőtestvére mellett futott, közelebb a hívás forrásához.

Old feelings returned, powerful and hard to ignore.

Régi érzések tértek vissza, erősen és nehezen figyelmen kívül hagyva őket.

These were the truths behind the memories from his dreams.

Ezek voltak az álmaiban rejlő emlékek mögött rejlő igazságok.

He had done all this before in a distant and shadowy world.

Mindezt már megtette korábban egy távoli és árnyékos világban.

Now he did this again, running wild with the open sky above.

Most megint ezt tette, vadul rohant a szabad ég alatt.

They stopped at a stream to drink from the cold flowing water.

Megálltak egy pataknál, hogy igyanak a hideg, folyó vízből.

As he drank, Buck suddenly remembered John Thornton.

Miközben ivott, Bucknak hirtelen eszébe jutott John Thornton.

He sat down in silence, torn by the pull of loyalty and the calling.

Csendben ült le, a hűség és az elhívás vonzása tépte szét.

The wolf trotted on, but came back to urge Buck forward.

A farkas továbbügetett, de visszatért, hogy ösztökélje Buckot.

He sniffed his nose and tried to coax him with soft gestures.

Megszagolta az orrát, és halk mozdulatokkal próbálta rávenni.

But Buck turned around and started back the way he came.

De Buck megfordult, és elindult visszafelé, amerről jött.

The wolf ran beside him for a long time, whining quietly.

A farkas sokáig futott mellette, halkan nyüszítve.

Then he sat down, raised his nose, and let out a long howl.

Aztán leült, felhúzta az orrát, és hosszan felüvöltött.

It was a mournful cry, softening as Buck walked away.

Gyászos kiáltás volt, amely elhalkult, ahogy Buck elsétált.

Buck listened as the sound of the cry faded slowly into the forest silence.

Buck hallgatta, ahogy a sírás hangja lassan elhalványul az erdő csendjében.

John Thornton was eating dinner when Buck burst into the camp.

John Thornton éppen vacsorázott, amikor Buck berontott a táborba.

Buck leapt upon him wildly, licking, biting, and tumbling him.

Buck vadul ráugrott, nyalogatta, harapdálta és fel-le gördítette.

He knocked him over, scrambled on top, and kissed his face.

Fellökte, ráugrott, és megcsókolta az arcát.

Thornton called this "playing the general tom-fool" with affection.

Thornton szeretettel „az általános hülye megjátszásának" nevezte ezt.

All the while, he cursed Buck gently and shook him back and forth.

Közben gyengéden átkozta Buckot, és előre-hátra rázogatta.

For two whole days and nights, Buck never left the camp once.

Két teljes napon és két éjszakán át Buck egyszer sem hagyta el a tábort.

He kept close to Thornton and never let him out of his sight.

Thornton közelében maradt, és soha nem tévesztette szem elől.

He followed him as he worked and watched him while he ate.

Követte őt munka közben, és figyelte evés közben.

He saw Thornton into his blankets at night and out each morning.

Éjszaka látta Thorntont a takaróiba bújni, reggelente pedig kiment.

But soon the forest call returned, louder than ever before.

De hamarosan visszatért az erdő hívása, hangosabban, mint valaha.

Buck grew restless again, stirred by thoughts of the wild wolf.

Buck ismét nyugtalanná vált, a vad farkas gondolatai kavargatták.

He remembered the open land and running side by side.

Emlékezett a nyílt terepre és az egymás mellett futásra.

He began wandering into the forest once more, alone and alert.

Újra elindult az erdőbe, egyedül és éberen.

But the wild brother did not return, and the howl was not heard.

De a vad testvér nem tért vissza, és az üvöltés sem hallatszott.

Buck started sleeping outside, staying away for days at a time.

Buck kint kezdett aludni, napokig is távol maradt.

Once he crossed the high divide where the creek had begun.

Miután átkelt a magas vízválasztón, ahol a patak elkezdődött.

He entered the land of dark timber and wide flowing streams.

Sötét erdők és széles patakok földjére lépett.

For a week he roamed, searching for signs of the wild brother.

Egy hétig barangolt, a vad testvér nyomait keresve.

He killed his own meat and travelled with long, tireless strides.

Saját maga ölte meg a zsákmányát, és hosszú, fáradhatatlan léptekkel haladt.

He fished for salmon in a wide river that reached the sea.

Lazacra halászott egy széles folyóban, amely a tengerig ért.

There, he fought and killed a black bear maddened by bugs.

Ott harcolt és megölt egy bogaraktól megőrjített fekete medvét.

The bear had been fishing and ran blindly through the trees.

A medve horgászott, és vakon szaladgált a fák között.

The battle was a fierce one, waking Buck's deep fighting spirit up.

A csata ádáz volt, felébresztve Buck mély harci szellemét.

Two days later, Buck returned to find wolverines at his kill.

Két nappal később Buck visszatért, és rozsomákokat talált a zsákmányánál.

A dozen of them quarreled over the meat in noisy fury.

Egy tucatnyian veszekedtek hangos dühvel a húson.

Buck charged and scattered them like leaves in the wind.

Buck rohamra kelt, és szétszórta őket, mint a faleveleket a szélben.

Two wolves remained behind — silent, lifeless, and unmoving forever.

Két farkas maradt hátra – csendben, élettelenül és örökre mozdulatlanul.

The thirst for blood grew stronger than ever.

A vér utáni szomjúság erősebb lett, mint valaha.

Buck was a hunter, a killer, feeding off living creatures.

Buck vadász volt, gyilkos, élőlényekkel táplálkozott.

He survived alone, relying on his strength and sharp senses.

Egyedül élte túl, erejére és éles érzékeire támaszkodva.

He thrived in the wild, where only the toughest could live.

A vadonban élt, ahol csak a legkeményebbek élhettek.

From this, a great pride rose up and filled Buck's whole being.

Ettől nagy büszkeség támadt, és Buck egész lényét betöltötte.

His pride showed in his every step, in the ripple of every muscle.

Büszkesége minden lépésében, minden izma hullámzásában megmutatkozott.

His pride was as clear as speech, seen in how he carried himself.

Büszkesége olyan nyilvánvaló volt, mint a szavak, ami a viselkedésén látszott.

Even his thick coat looked more majestic and gleamed brighter.

Még vastag bundája is fenségesebbnek tűnt és fényesebben csillogott.

Buck could have been mistaken for a giant timber wolf.

Buckot akár egy óriási erdei farkasnak is nézhették volna.

Except for brown on his muzzle and spots above his eyes.

Kivéve a barna foltokat az orrán és a szeme felett.

And the white streak of fur that ran down the middle of his chest.

És a fehér szőrcsík, ami a mellkasa közepén végigfutott.

He was even larger than the biggest wolf of that fierce breed.

Még a vad fajta legnagyobb farkasánál is nagyobb volt.

His father, a St. Bernard, gave him size and heavy frame.

Apja, egy bernáthegyi, nagy és masszív testalkatú lányt adott neki.

His mother, a shepherd, shaped that bulk into wolf-like form.

Az anyja, egy pásztor, farkas alakúra formálta ezt a testet.

He had the long muzzle of a wolf, though heavier and broader.

Hosszú, farkasorrú volt, bár nehezebb és szélesebb.

His head was a wolf's, but built on a massive, majestic scale.

A feje farkasra hasonlított, de hatalmas, fenséges méretekben épült fel.

Buck's cunning was the cunning of the wolf and of the wild.

Buck ravaszsága a farkasok és a vadon ravaszsága volt.

His intelligence came from both the German Shepherd and St. Bernard.

Intelligenciáját mind a németjuhásztól, mind a bernáthegyitől kapta.

All this, plus harsh experience, made him a fearsome creature.

Mindez, a kemény tapasztalatokkal együtt, félelmetes teremtménnyé tette.

He was as formidable as any beast that roamed the northern wild.

Olyan félelmetes volt, mint bármelyik vadállat, amely az északi vadonban barangolt.

Living only on meat, Buck reached the full peak of his strength.

Buck, aki kizárólag húson élt, ereje csúcsára ért.

He overflowed with power and male force in every fiber of him.

Minden porcikájában áradt az erő és a férfias erő.

When Thornton stroked his back, the hairs sparked with energy.

Amikor Thornton megsimogatta a hátát, a szőrszálak energiától szikráztak.

Each hair crackled, charged with the touch of living magnetism.

Minden egyes hajszál roppant, az élő mágnesesség érintésével feltöltve.

His body and brain were tuned to the finest possible pitch.

Teste és agya a lehető legfinomabb hangmagasságra volt hangolva.

Every nerve, fiber, and muscle worked in perfect harmony.

Minden ideg, rost és izom tökéletes harmóniában működött.

To any sound or sight needing action, he responded instantly.

Bármilyen beavatkozást igénylő hangra vagy látványra azonnal reagált.

If a husky leaped to attack, Buck could leap twice as fast.

Ha egy husky támadásba lendült volna, Buck kétszer olyan gyorsan tudott volna ugrani.

He reacted quicker than others could even see or hear.

Gyorsabban reagált, mint ahogy mások láthatták vagy hallhatták volna.

Perception, decision, and action all came in one fluid moment.

Az érzékelés, a döntés és a cselekvés mind egyetlen folyékony pillanatban történt.

In truth, these acts were separate, but too fast to notice.

Valójában ezek a cselekedetek különállóak voltak, de túl gyorsak ahhoz, hogy észrevegyék.

So brief were the gaps between these acts, they seemed as one.

Olyan rövidek voltak a szünetek e két aktus között, hogy egyetlen egységnek tűntek.

His muscles and being was like tightly coiled springs.

Izmai és lénye olyanok voltak, mint a szorosan összefonódó rugók.

His body surged with life, wild and joyful in its power.

Teste élettel teli volt, vadul és örömtelien telt erejével.

At times he felt like the force was going to burst out of him entirely.

Időnként úgy érezte, mintha teljesen ki akarna törni belőle az erő.

"Never was there such a dog," Thornton said one quiet day.

– Soha nem volt még ilyen kutya a világon – mondta Thornton egy csendes napon.

The partners watched Buck striding proudly from the camp.

A társak figyelték, ahogy Buck büszkén vonul ki a táborból.

"When he was made, he changed what a dog can be," said Pete.

„Amikor megalkották, megváltoztatta azt, hogy milyen lehet egy kutya" – mondta Pete.

"By Jesus! I think so myself," Hans quickly agreed.

– Jézusomra! Én is így gondolom – helyeselt gyorsan Hans.

They saw him march off, but not the change that came after.

Látták elvonulni, de a utána következő változást nem látták.

As soon as he entered the woods, Buck transformed completely.

Amint Buck belépett az erdőbe, teljesen átváltozott.

He no longer marched, but moved like a wild ghost among trees.

Már nem menetelt, hanem vad szellemként mozgott a fák között.

He became silent, cat-footed, a flicker passing through shadows.

Elhallgatott, macskalábú lett, egy fénycsóva suhant át az árnyékokon.

He used cover with skill, crawling on his belly like a snake.

Ügyesen használta a fedezéket, kígyóként mászott a hasán.

And like a snake, he could leap forward and strike in silence.

És mint egy kígyó, előre tudott ugrani és csendben lecsapni.

He could steal a ptarmigan straight from its hidden nest.

Ellophatott egy hófajdot egyenesen a rejtett fészkéből.

He killed sleeping rabbits without a single sound.

Egyetlen hang nélkül ölte meg az alvó nyulakat.

He could catch chipmunks midair as they fled too slowly.

Elkaphatta a levegőben a lassan menekülő mókusokat.

Even fish in pools could not escape his sudden strikes.

Még a medencében lévő halak sem menekülhettek hirtelen csapásai elől.

Not even clever beavers fixing dams were safe from him.

Még az okos hódok sem voltak biztonságban tőle, akik gátakat javítottak.

He killed for food, not for fun—but liked his own kills best.

Élelemért ölt, nem szórakozásból – de a saját zsákmányát szerette a legjobban.

Still, a sly humor ran through some of his silent hunts.

Mégis, ravasz humor futott át néma vadászatainak
némelyikén.

He crept up close to squirrels, only to let them escape.
Közel osont a mókusokhoz, csak hogy aztán hagyja őket
elmenekülni.

**They were going to flee to the trees, chattering in fearful
outrage.**
Félelmükben és felháborodásukban csacsogva a fák közé
menekültek.

As fall came, moose began to appear in greater numbers.
Ahogy beköszöntött az ősz, a jávorszarvasok egyre nagyobb
számban kezdtek megjelenni.

They moved slowly into the low valleys to meet the winter.
Lassan beköltöztek az alacsony völgyekbe, hogy várják a telet.

Buck had already brought down one young, stray calf.
Buck már elejtett egy fiatal, kóbor borjút.

But he longed to face larger, more dangerous prey.
De vágyott arra, hogy nagyobb, veszélyesebb prédával nézzen
szembe.

**One day on the divide, at the creek's head, he found his
chance.**
Egy nap a vízválasztónál, a patak forrásánál, meglátta a
lehetőséget.

A herd of twenty moose had crossed from forested lands.
Húsz jávorszarvasból álló csorda kelt át erdős vidékekről.

Among them was a mighty bull; the leader of the group.
Köztük volt egy hatalmas bika; a csoport vezetője.

The bull stood over six feet tall and looked fierce and wild.
A bika több mint két méter magas volt, és vadnak, vadnak
látszott.

**He tossed his wide antlers, fourteen points branching
outward.**
Széles agancsait meglóbálta, tizennégy ágból álló ágakat.

The tips of those antlers stretched seven feet across.
Az agancsok végei hét láb szélesre nyúltak.

His small eyes burned with rage as he spotted Buck nearby.

Apró szemei dühtől égtek, amikor meglátta Buckot a közelben.

He let out a furious roar, trembling with fury and pain.

Dühösen felordított, remegett a dühtől és a fájdalomtól.

An arrow-end stuck out near his flank, feathered and sharp.

Egy tollas, hegyes nyílvég állt ki az oldala közelében.

This wound helped explain his savage, bitter mood.

Ez a seb segített megmagyarázni vad, keserű hangulatát.

Buck, guided by ancient hunting instinct, made his move.

Buck, az ősi vadászösztön által vezérelve, megtette a lépést.

He aimed to separate the bull from the rest of the herd.

Célja az volt, hogy elkülönítse a bikát a csorda többi részétől.

This was no easy task—it took speed and fierce cunning.

Ez nem volt könnyű feladat – gyorsaságra és ravaszságra volt szükség hozzá.

He barked and danced near the bull, just out of range.

Ugatott és táncolt a bika közelében, éppen csak lőtávon kívül.

The moose lunged with huge hooves and deadly antlers.

A jávorszarvas hatalmas patákkal és halálos agancsokkal rontott előre.

One blow could have ended Buck's life in a heartbeat.

Egyetlen ütés egy szempillantás alatt véget vethetett volna Buck életének.

Unable to leave the threat behind, the bull grew mad.

Mivel nem tudta maga mögött hagyni a fenyegetést, a bika dühbe gurult.

He charged in fury, but Buck always slipped away.

Dühösen támadott, de Buck mindig elhúzódott.

Buck faked weakness, luring him farther from the herd.

Buck gyengeséget színlelt, és ezzel távolabb csalogatta a csordától.

But young bulls were going to charge back to protect the leader.

De a fiatal bikák visszarohantak, hogy megvédjék a vezetőt.

They forced Buck to retreat and the bull to rejoin the group.

Kényszerítették Buckot a visszavonulásra, a bikát pedig arra, hogy csatlakozzon újra a csoporthoz.

There is a patience in the wild, deep and unstoppable.

Van egyfajta türelem a vadonban, mély és megállíthatatlan.

A spider waits motionless in its web for countless hours.

Egy pók órákon át mozdulatlanul várakozik a hálójában.

A snake coils without twitching, and waits till it is time.

Egy kígyó rángatózás nélkül tekeredik, és várja, míg eljön az ideje.

A panther lies in ambush, until the moment arrives.

Egy párduc lesben áll, míg el nem jön a pillanat.

This is the patience of predators who hunt to survive.

Ez a ragadozók türelme, akik a túlélésért vadásznak.

That same patience burned inside Buck as he stayed close.

Ugyanez a türelem égett Buckban is, miközben közel maradt.

He stayed near the herd, slowing its march and stirring fear.

A csorda közelében maradt, lelassítva annak menetét és félelmet keltve benne.

He teased the young bulls and harassed the mother cows.

Cukkolta a fiatal bikákat és zaklatta az anyateheneket.

He drove the wounded bull into a deeper, helpless rage.

Még mélyebb, tehetetlen dühbe gurította a sebesült bikát.

For half a day, the fight dragged on with no rest at all.

Fél napig elhúzódott a harc pihenés nélkül.

Buck attacked from every angle, fast and fierce as wind.

Buck minden szögből támadott, gyorsan és vadul, mint a szél.

He kept the bull from resting or hiding with its herd.

Megakadályozta, hogy a bika pihenjen vagy elbújjon a csordájával.

Buck wore down the moose's will faster than its body.

Buck gyorsabban ölte le a jávorszarvas akaratát, mint a testét.

The day passed and the sun sank low in the northwest sky.

A nap telt el, és a nap alacsonyan ereszkedett le az északnyugati égbolton.

The young bulls returned more slowly to help their leader.

A fiatal bikák lassabban tértek vissza, hogy segítsenek vezetőjüknek.

Fall nights had returned, and darkness now lasted six hours.

Visszatértek az őszi éjszakák, és a sötétség már hat órán át tartott.

Winter was pressing them downhill into safer, warmer valleys.

A tél a biztonságosabb, melegebb völgyekbe taszította őket lefelé.

But still they couldn't escape the hunter that held them back.

De még így sem tudtak elmenekülni a vadász elől, aki visszatartotta őket.

Only one life was at stake—not the herd's, just their leader's.

Csak egyetlen élet forgott kockán – nem a csordáé, csak a vezetőjüké.

That made the threat distant and not their urgent concern.

Ez távolivá tette a fenyegetést, és nem a sürgető aggodalmukká.

In time, they accepted this cost and let Buck take the old bull.

Idővel elfogadták ezt az árat, és hagyták, hogy Buck elvigye az öreg bikát.

As twilight settled in, the old bull stood with his head down.

Ahogy leszállt az alkonyat, az öreg bika lehajtott fejjel állt.

He watched the herd he had led vanish into the fading light.

Nézte, ahogy a csorda, amelyet vezetett, eltűnik a halványuló fényben.

There were cows he had known, calves he had once fathered.

Voltak tehenek, akiket ismert, borjak, akiknek egykor ő volt az apja.

There were younger bulls he had fought and ruled in past seasons.

Voltak fiatalabb bikák is, akikkel a múlt szezonokban harcolt és uralkodott.

He could not follow them—for before him crouched Buck again.

Nem követhette őket – mert Buck ismét leguggolt előtte.

The merciless fanged terror blocked every path he might take.

A könyörtelen, agyaras rettegés minden útját elállta.

The bull weighed more than three hundredweight of dense power.

A bika több mint háromszáz fontnyi sűrű erőt nyomott.

He had lived long and fought hard in a world of struggle.

Hosszú életet élt és keményen küzdött egy küzdelmes világban.

Yet now, at the end, death came from a beast far beneath him.

Mégis, most, a végén a halál egy messze alatta lévő szörnyetegtől érkezett.

Buck's head did not even rise to the bull's huge knuckled knees.

Buck feje még a bika hatalmas, bütykös térdéig sem ért fel.

From that moment on, Buck stayed with the bull night and day.

Attól a pillanattól kezdve Buck éjjel-nappal a bikával maradt.

He never gave him rest, never allowed him to graze or drink.

Soha nem hagyta pihenni, soha nem engedte legelni vagy inni.

The bull tried to eat young birch shoots and willow leaves.

A bika megpróbált fiatal nyírfahajtásokat és fűzfaleveleket enni.

But Buck drove him off, always alert and always attacking.

De Buck elűzte, mivel mindig éber és támadó volt.

Even at trickling streams, Buck blocked every thirsty attempt.

Még a csordogáló patakoknál is Buck minden szomjas kísérletet hárított.

Sometimes, in desperation, the bull fled at full speed.

Néha kétségbeesésében a bika teljes sebességgel menekült.

Buck let him run, loping calmly just behind, never far away.

Buck hagyta futni, nyugodtan lopakodott mögötte, soha nem messze.

When the moose paused, Buck lay down, but stayed ready.

Amikor a jávorszarvas megállt, Buck lefeküdt, de készenlétben maradt.

If the bull tried to eat or drink, Buck struck with full fury.

Ha a bika megpróbált enni vagy inni, Buck teljes dühvel csapott le rá.

The bull's great head sagged lower under its vast antlers.

A bika hatalmas feje egyre mélyebbre csuklott hatalmas agancsai alatt.

His pace slowed, the trot became a heavy; a stumbling walk.

A lépései lelassultak, az ügetés nehézkessé, botladozó járássá vált.

He often stood still with drooped ears and nose to the ground.

Gyakran mozdulatlanul állt, lelógó fülekkel és a földhöz szorított orral.

During those moments, Buck took time to drink and rest.

Ezekben a pillanatokban Buck időt szakított az ivásra és a pihenésre.

Tongue out, eyes fixed, Buck sensed the land was changing.

Kinyújtott nyelvvel, fürkésző tekintettel Buck érezte, hogy a táj változik.

He felt something new moving through the forest and sky.

Érezte, hogy valami új mozog az erdőn és az égen keresztül.

As moose returned, so did other creatures of the wild.

Ahogy a jávorszarvasok visszatértek, úgy tették ezt a vadon más állatai is.

The land felt alive with presence, unseen but strongly known.

A föld élőnek és jelenvalónak érződött, láthatatlanul, mégis erősen ismertté.

It was not by sound, sight, nor by scent that Buck knew this.

Buck nem hallás, látás vagy szag alapján tudta ezt.

A deeper sense told him that new forces were on the move.

Egy mélyebb érzés azt súgta neki, hogy új erők vannak mozgásban.

Strange life stirred through the woods and along the streams.

Különös élet kavargott az erdőkben és a patakok mentén.

He resolved to explore this spirit, after the hunt was complete.

Elhatározta, hogy felfedezi ezt a szellemet, miután befejezte a vadászatot.

On the fourth day, Buck brought down the moose at last.

A negyedik napon Buck végre leterítette a jávorszarvast.

He stayed by the kill for a full day and night, feeding and resting.

Egy teljes napot és egy éjszakát töltött a zsákmány mellett, evett és pihent.

He ate, then slept, then ate again, until he was strong and full.

Evett, aztán aludt, majd újra evett, míg meg nem erősödött és jóllakott.

When he was ready, he turned back toward camp and Thornton.

Amikor készen állt, visszafordult a tábor és Thornton felé.

With steady pace, he began the long return journey home.

Egyenletes tempóval indult meg a hosszú hazaútra.

He ran in his tireless lope, hour after hour, never once straying.

Fáradhatatlanul rohant, óránként, egyszer sem tévedve el.

Through unknown lands, he moved straight as a compass needle.

Ismeretlen vidékeken haladt, egyenesen, mint az iránytű tűje.

His sense of direction made man and map seem weak by comparison.

Tájékozódása miatt az ember és a térkép gyengének tűnt hozzá képest.

As Buck ran, he felt more strongly the stir in the wild land.

Ahogy Buck futott, egyre erősebben érezte a vad tájon zajló nyüzsgést.

It was a new kind of life, unlike that of the calm summer months.

Ez egy újfajta élet volt, ellentétben a nyugodt nyári hónapokkal.

This feeling no longer came as a subtle or distant message.

Ez az érzés már nem finom vagy távoli üzenetként érkezett.

Now the birds spoke of this life, and squirrels chattered about it.

A madarak most erről az életről beszéltek, a mókusok pedig csacsogtak róla.

Even the breeze whispered warnings through the silent trees.

Még a szellő is figyelmeztetéseket suttogott a néma fák között.

Several times he stopped and sniffed the fresh morning air.

Többször is megállt, és beleszippantott a friss reggeli levegőbe.

He read a message there that made him leap forward faster.

Egy üzenetet olvasott ott, amitől gyorsabban ugrott előre.

A heavy sense of danger filled him, as if something had gone wrong.

Súlyos veszélyérzet töltötte el, mintha valami baj történt volna.

He feared calamity was coming—or had already come.

Attól félt, hogy katasztrófa közeleg – vagy már bekövetkezett.

He crossed the last ridge and entered the valley below.

Átkelt az utolsó gerincen, és beért az alatta lévő völgybe.

He moved more slowly, alert and cautious with every step.

Lassabban, minden lépéssel éberebbé és óvatosabbá vált.

Three miles out he found a fresh trail that made him stiffen.

Három mérfölddel odébb egy friss ösvényre bukkant, amitől megmerevedett.

The hair along his neck rippled and bristled in alarm.

A nyakán a szőr riadtan hullámzott és égnek állt.

The trail led straight toward the camp where Thornton waited.

Az ösvény egyenesen a tábor felé vezetett, ahol Thornton várakozott.

Buck moved faster now, his stride both silent and swift.

Buck most gyorsabban mozgott, léptei egyszerre voltak nesztelenek és gyorsak.

His nerves tightened as he read signs others were going to miss.

Feszültek az idegei, miközben olyan jeleket olvasott, amelyeket mások nem fognak észrevenni.

Each detail in the trail told a story—except the final piece.

Az ösvény minden részlete egy történetet mesélt – kivéve az utolsó darabot.

His nose told him about the life that had passed this way.

Az orra árulkodott az itt eltelt életről.

The scent gave him a changing picture as he followed close behind.

Az illat változó képet festett róla, ahogy szorosan a nyomában követte.

But the forest itself had gone quiet; unnaturally still.

De maga az erdő elcsendesedett; természetellenesen mozdulatlanná vált.

Birds had vanished, squirrels were hidden, silent and still.

A madarak eltűntek, a mókusok elrejtőztek, csendben és mozdulatlanul.

He saw only one gray squirrel, flat on a dead tree.

Csak egyetlen szürke mókust látott, egy kiszáradt fán feküdt.

The squirrel blended in, stiff and motionless like a part of the forest.

A mókus beleolvadt a környezetébe, mereven és mozdulatlanul, mint egy erdő része.

Buck moved like a shadow, silent and sure through the trees.

Buck árnyékként mozgott, csendben és magabiztosan a fák között.

His nose jerked sideways as if pulled by an unseen hand.

Az orra oldalra rándult, mintha egy láthatatlan kéz húzta volna.

He turned and followed the new scent deep into a thicket.

Megfordult, és követte az új illatot egy bozótos mélyére.

There he found Nig, lying dead, pierced through by an arrow.

Ott találta Niget holtan fekve, nyílvesszővel átszúrva.

The shaft passed clear through his body, feathers still showing.

A nyíl áthatolt a testén, a tollai még látszottak.

Nig had dragged himself there, but died before reaching help.

Nig vonszolta magát oda, de meghalt, mielőtt a segítséghez érkezhetett volna.

A hundred yards farther on, Buck found another sled dog.

Száz méterrel odébb Buck egy másik szánhúzó kutyára bukkant.

It was a dog that Thornton had bought back in Dawson City.

Egy kutya volt, amit Thornton vett még Dawson Cityben.

The dog was in a death struggle, thrashing hard on the trail.

A kutya haláltusát vívva, keményen vergődött az ösvényen.

Buck passed around him, not stopping, eyes fixed ahead.

Buck elhaladt mellette, meg sem állva, maga elé szegezve tekintetét.

From the direction of the camp came a distant, rhythmic chant.

A tábor irányából távoli, ritmikus ének hallatszott.

Voices rose and fell in a strange, eerie, sing-song tone.

A hangok furcsa, hátborzongató, éneklő hangon emelkedtek és süllyedtek.

Buck crawled forward to the edge of the clearing in silence.

Buck csendben kúszott előre a tisztás széléig.

There he saw Hans lying face-down, pierced with many arrows.

Ott látta Hanst arccal lefelé feküdni, sok nyílvesszővel átszúrva.

His body looked like a porcupine, bristling with feathered shafts.

A teste egy tarajos sülre hasonlított, tollas nyilak borították.

At the same moment, Buck looked toward the ruined lodge.

Ugyanebben a pillanatban Buck a romos kunyhó felé nézett.

The sight made the hair rise stiff on his neck and shoulders.

A látványtól meredeken állt a nyakán és a vállán a szőr.

A storm of wild rage swept through Buck's whole body.

Vad dühvihar söpört végig Buck egész testén.

He growled aloud, though he did not know that he had.

Hangosan morgott, bár nem tudta, hogy így tett.

The sound was raw, filled with terrifying, savage fury.

A hang nyers volt, tele félelmetes, vad dühvel.

For the last time in his life, Buck lost reason to emotion.
Buck életében utoljára elvesztette az érzelmei feletti uralmat.
It was love for John Thornton that broke his careful control.
A John Thornton iránti szerelem törte meg gondos önuralmát.
The Yeehats were dancing around the wrecked spruce lodge.
A Yeehat család a romos lucfenyőkunyhó körül táncolt.
Then came a roar—and an unknown beast charged toward them.
Aztán egy üvöltés hallatszott – és egy ismeretlen fenevad rohant feléjük.
It was Buck; a fury in motion; a living storm of vengeance.
Buck volt az; mozgásban lévő düh; a bosszú eleven vihara.
He flung himself into their midst, mad with the need to kill.
Közéjük vetette magát, őrjöngve a gyilkolás vágyától.
He leapt at the first man, the Yeehat chief, and struck true.
Ráugrott az első emberre, a yeehat főnökre, és célt lőtt.
His throat was ripped open, and blood spouted in a stream.
A torkát feltépték, és vére patakként ömlött belőle.
Buck did not stop, but tore the next man's throat with one leap.
Buck nem állt meg, hanem egyetlen ugrással eltépte a következő férfi torkát.
He was unstoppable—ripping, slashing, never pausing to rest.
Megállíthatatlan volt – tépett, vagdalt, és soha nem állt meg pihenni.
He darted and sprang so fast their arrows could not touch him.
Olyan gyorsan száguldott és ugrott, hogy a nyilaik nem érték el.
The Yeehats were caught in their own panic and confusion.
A Yeehat családot elfogta a pánik és a zavarodottság.
Their arrows missed Buck and struck one another instead.
Nyilaik elvétették Buckot, és inkább egymást találták el.
One youth threw a spear at Buck and hit another man.
Az egyik fiatalember lándzsát dobott Buckra, és eltalált egy másik férfit.

The spear drove through his chest, the point punching out his back.

A lándzsa átfúródott a mellkasán, a hegye pedig a hátát ütötte ki.

Terror swept over the Yeehats, and they broke into full retreat.

Rettegés söpört végig a Yeehatokon, és teljes visszavonulásba kezdtek.

They screamed of the Evil Spirit and fled into the forest shadows.

A Gonosz Szellemre kiáltottak, és az erdő árnyékába menekültek.

Truly, Buck was like a demon as he chased the Yeehats down.

Buck valóban démonként üldözte a Yeehat családot.

He tore after them through the forest, bringing them down like deer.

Utánuk rohant az erdőn át, és úgy terítette le őket, mint a szarvasokat.

It became a day of fate and terror for the frightened Yeehats.

A sors és a rettegés napja lett ez a megriadt Yeehat-ek számára.

They scattered across the land, fleeing far in every direction.

Szétszóródtak az országban, minden irányban messzire menekülve.

A full week passed before the last survivors met in a valley.

Egy teljes hét telt el, mire az utolsó túlélők egy völgyben találkoztak.

Only then did they count their losses and speak of what happened.

Csak ezután számoltak be a veszteségeikről és beszéltek a történtekről.

Buck, after tiring of the chase, returned to the ruined camp.

Buck, miután megunta az üldözést, visszatért a romos táborba.

He found Pete, still in his blankets, killed in the first attack.

Pete-et még mindig takarókban találta, az első támadásban holtan.

Signs of Thornton's last struggle were marked in the dirt nearby.

Thornton utolsó küzdelmének nyomai látszottak a közeli földben.

Buck followed every trace, sniffing each mark to a final point.

Buck minden nyomot követett, minden egyes jelet megszagolt a végső pontig.

At the edge of a deep pool, he found faithful Skeet, lying still.

Egy mély medence szélén megtalálta a hűséges Skeetet, amint mozdulatlanul fekve fekszik.

Skeet's head and front paws were in the water, unmoving in death.

Skeet feje és mellső mancsai a vízben voltak, mozdulatlanul a halálban.

The pool was muddy and tainted with runoff from the sluice boxes.

A medence sáros volt, és a zsilipekből lefolyó víz szennyezte.

Its cloudy surface hid what lay beneath, but Buck knew the truth.

Felhős felszíne elrejtette, ami alatta rejlett, de Buck tudta az igazságot.

He tracked Thornton's scent into the pool — but the scent led nowhere else.

Thornton szagát követte a medencében – de a szag sehova sem vezetett.

There was no scent leading out — only the silence of deep water.

Semmilyen illat nem vezetett ki belőle – csak a mély víz csendje.

All day Buck stayed near the pool, pacing the camp in grief.

Buck egész nap a medence közelében maradt, bánatában fel-alá járkálva a táborban.

He wandered restlessly or sat in stillness, lost in heavy thought.

Nyugtalanul bolyongott, vagy mozdulatlanul ült, nehéz gondolatokba merülve.

He knew death; the ending of life; the vanishing of all motion.

Ismerte a halált; az élet végét; minden mozgás eltűnését.

He understood that John Thornton was gone, never to return.

Megértette, hogy John Thornton elment, és soha többé nem tért vissza.

The loss left an empty space in him that throbbed like hunger.

A veszteség űrt hagyott benne, ami lüktetett, mint az éhség.

But this was a hunger food could not ease, no matter how much he ate.

De ez egy olyan éhség volt, amit az étel nem tudott csillapítani, bármennyit is evett.

At times, as he looked at the dead Yeehats, the pain faded.

Időnként, ahogy a halott Yeehatekre nézett, a fájdalom alábbhagyott.

And then a strange pride rose inside him, fierce and complete.

És akkor furcsa büszkeség támadt benne, vad és teljes.

He had killed man, the highest and most dangerous game of all.

Embert ölt, ami a legnemesebb és legveszélyesebb játék mind közül.

He had killed in defiance of the ancient law of club and fang.

A bunkó és agyar ősi törvényét megszegve ölt.

Buck sniffed their lifeless bodies, curious and thoughtful.

Buck kíváncsian és elgondolkodva szaglászott élettelen testükön.

They had died so easily—much easier than a husky in a fight.

Olyan könnyen haltak meg – sokkal könnyebben, mint egy husky egy verekedésben.

Without their weapons, they had no true strength or threat.

Fegyvereik nélkül nem éreztek igazi erőt vagy fenyegetést.

Buck was never going to fear them again, unless they were armed.

Buck soha többé nem fog félni tőlük, hacsak nem lesznek felfegyverezve.

Only when they carried clubs, spears, or arrows he'd beware.

Csak akkor óvakodott, ha bunkókat, lándzsákat vagy nyilakat vittek magukkal.

Night fell, and a full moon rose high above the tops of the trees.

Leszállt az éj, és a telihold magasan a fák teteje fölé emelkedett.

The moon's pale light bathed the land in a soft, ghostly glow like day.

A hold halvány fénye lágy, kísérteties nappalhoz hasonló derengésbe fürdette a földet.

As the night deepened, Buck still mourned by the silent pool.

Ahogy egyre sötétedett, Buck még mindig gyászolta a csendes tó partját.

Then he became aware of a different stirring in the forest.

Aztán valami másfajta morajlásra lett figyelmes az erdőben.

The stirring was not from the Yeehats, but from something older and deeper.

A morajlás nem a Yeehat családtól származott, hanem valami régebbitől és mélyebbtől.

He stood up, ears lifted, nose testing the breeze with care.

Felállt, fülét felemelve, orrával óvatosan simogatva a szellőt.

From far away came a faint, sharp yelp that pierced the silence.

Messziről egy halk, éles sikoly hallatszott, ami megtörte a csendet.

Then a chorus of similar cries followed close behind the first.

Majd hasonló kiáltások kórusa követte szorosan az elsőt.

The sound drew nearer, growing louder with each passing moment.

A hang közelebb ért, és minden egyes eltelt pillanattal erősödött.

Buck knew this cry—it came from that other world in his memory.

Buck ismerte ezt a kiáltást – abból a másik világból jött, ami az emlékeiben élt.

He walked to the center of the open space and listened closely.

A nyílt tér közepére sétált, és figyelmesen hallgatózott.

The call rang out, many-noted and more powerful than ever.

A hívás felhangzott, sokhangúan és erőteljesebben, mint valaha.

And now, more than ever before, Buck was ready to answer his calling.

És most, minden eddiginél jobban, Buck készen állt válaszolni a hívására.

John Thornton was dead, and no tie to man remained within him.

John Thornton halott volt, és semmiféle kötelék nem maradt benne az emberhez.

Man and all human claims were gone—he was free at last.

Az ember és minden emberi igény eltűnt – végre szabad volt.

The wolf pack were chasing meat like the Yeehats once had.

A farkasfalka úgy kergette a prédát, mint egykor a Yeehat-ek.

They had followed moose down from the timbered lands.

Jávorszarvasokat követtek le az erdős vidékekről.

Now, wild and hungry for prey, they crossed into his valley.

Most, vadul és zsákmányra éhesen, átkeltek a völgyébe.

Into the moonlit clearing they came, flowing like silver water.

Ezüstös vízként folytak ki a holdfényes tisztásra.

Buck stood still in the center, motionless and waiting for them.

Buck mozdulatlanul állt középen, és várta őket.

His calm, large presence stunned the pack into a brief silence.

Nyugodt, nagy jelenléte egy pillanatra elnémította a falkát.

Then the boldest wolf leapt straight at him without hesitation.

Akkor a legbátrabb farkas habozás nélkül egyenesen ráugrott.

Buck struck fast and broke the wolf's neck in a single blow.

Buck gyorsan csapott le, és egyetlen csapással eltörte a farkas nyakát.

He stood motionless again as the dying wolf twisted behind him.

Mozdulatlanul állt ismét, miközben a haldokló farkas megpördült mögötte.

Three more wolves attacked quickly, one after the other.

Még három farkas támadt gyorsan, egymás után.

Each retreated bleeding, their throats or shoulders slashed.

Mindegyikük vérzőn vonult vissza, felvágott torokkal vagy vállakkal.

That was enough to trigger the whole pack into a wild charge.

Ez elég volt ahhoz, hogy az egész falka vad rohamra keljen.

They rushed in together, too eager and crowded to strike well.

Együtt rohantak be, túl lelkesen és zsúfoltan ahhoz, hogy jól csapjanak le.

Buck's speed and skill allowed him to stay ahead of the attack.

Buck sebessége és ügyessége lehetővé tette számára, hogy a támadás előtt maradjon.

He spun on his hind legs, snapping and striking in all directions.

Hátsó lábain pördült, minden irányba csapkodott és csapkodott.

To the wolves, this seemed like his defense never opened or faltered.

A farkasok számára úgy tűnt, mintha a védekezése soha nem nyílt volna ki, vagy megingott volna.

He turned and slashed so quickly they could not get behind him.

Megfordult és olyan gyorsan lecsapott, hogy nem tudtak mögé kerülni.

Nonetheless, their numbers forced him to give ground and fall back.

Mindazonáltal a létszámuk arra kényszerítette, hogy engedjen a helyzeten és visszavonuljon.

He moved past the pool and down into the rocky creek bed.

Elhaladt a medence mellett, és leereszkedett a sziklás patakmederbe.

There he came up against a steep bank of gravel and dirt.

Ott egy meredek kavicsos és földes partra ütközött.

He edged into a corner cut during the miners' old digging.

A bányászok régi ásása közben egy sarokvágásba csúszott.

Now, protected on three sides, Buck faced only the front wolf.

Buck, akit most három oldalról is védtek, csak az első farkassal nézett szembe.

There, he stood at bay, ready for the next wave of assault.

Ott állt távol, készen a következő támadási hullámra.

Buck held his ground so fiercely that the wolves drew back.

Buck olyan dühösen tartotta magát, hogy a farkasok visszahúzódtak.

After half an hour, they were worn out and visibly defeated.

Fél óra múlva kimerültek és láthatóan vereséget szenvedtek.

Their tongues hung out, their white fangs gleamed in moonlight.

Nyelvük kilógott, fehér agyaraik csillogtak a holdfényben.

Some wolves lay down, heads raised, ears pricked toward Buck.

Néhány farkas lefeküdt, felemelt fejjel, hegyezett fülekkel Buck felé.

Others stood still, alert and watching his every move.

Mások mozdulatlanul álltak, éberen figyelték minden mozdulatát.

A few wandered to the pool and lapped up cold water.

Néhányan odamentek a medencéhez, és hideg vizet kortyolgattak.

Then one long, lean gray wolf crept forward in a gentle way.

Aztán egy hosszú, sovány szürke farkas szelíden előrelopózott.

Buck recognized him — it was the wild brother from before.

Buck felismerte – a korábbi vad testvér volt az.

The gray wolf whined softly, and Buck replied with a whine.

A szürke farkas halkan nyüszített, Buck pedig egy nyüszítéssel válaszolt.

They touched noses, quietly and without threat or fear.

Csendesen, fenyegetés vagy félelem nélkül megérintették az orrukat.

Next came an older wolf, gaunt and scarred from many battles.

Utána egy idősebb farkas következett, sovány és a sok csata által sebhelyes.

Buck started to snarl, but paused and sniffed the old wolf's nose.

Buck vicsorogni kezdett, de megállt, és megszagolta az öreg farkas orrát.

The old one sat down, raised his nose, and howled at the moon.

Az öreg leült, felhúzta az orrát, és a holdra üvöltött.

The rest of the pack sat down and joined in the long howl.

A falka többi tagja leült, és csatlakozott a hosszú üvöltéshez.

And now the call came to Buck, unmistakable and strong.

És most Buckhoz érkezett a hívás, félreérthetetlenül és erőteljesen.

He sat down, lifted his head, and howled with the others.

Leült, felemelte a fejét, és a többiekkel együtt üvöltött.

When the howling ended, Buck stepped out of his rocky shelter.

Amikor a vonyítás véget ért, Buck kilépett sziklás menedékéből.

The pack closed in around him, sniffing both kindly and warily.

A falka körülvette, kedvesen és óvatosan szaglászva.

Then the leaders gave the yelp and dashed off into the forest.

Aztán a vezetők felkiáltottak, és elrohantak az erdőbe.

The other wolves followed, yelping in chorus, wild and fast in the night.

A többi farkas követte, kórusban ugatva, vadul és gyorsan az éjszakában.

Buck ran with them, beside his wild brother, howling as he ran.

Buck velük futott, vad testvére mellett, futás közben vonyítva.

Here, the story of Buck does well to come to its end.

Itt Buck története jól végződik.

In the years that followed, the Yeehats noticed strange wolves.

Az elkövetkező években a Yeehat család furcsa farkasokra lett figyelmes.

Some had brown on their heads and muzzles, white on the chest.

Némelyiknek barna volt a fején és az orrán, fehér a mellkasán.

But even more, they feared a ghostly figure among the wolves.

De még jobban féltek egy szellemalaktól a farkasok között.

They spoke in whispers of the Ghost Dog, leader of the pack.

Suttogva beszéltek a Szellemkutyáról, a falkavezérről.

This Ghost Dog had more cunning than the boldest Yeehat hunter.

Ez a Szellemkutya ravaszabb volt, mint a legvakmerőbb Yeehat vadász.

The ghost dog stole from camps in deep winter and tore their traps apart.

A szellemkutya a tél mélyén táborokból lopkodott, és széttépte a csapdáikat.

The ghost dog killed their dogs and escaped their arrows without a trace.

A szellemkutya megölte a kutyáikat, és nyomtalanul megszökött a nyilaik elől.

Even their bravest warriors feared to face this wild spirit.

Még a legbátrabb harcosaik is féltek szembenézni ezzel a vad szellemmel.

No, the tale grows darker still, as the years pass in the wild.

Nem, a történet egyre sötétebbé válik, ahogy telnek az évek a vadonban.

Some hunters vanish and never return to their distant camps.

Néhány vadász eltűnik, és soha nem tér vissza távoli táborába.

Others are found with their throats torn open, slain in the snow.

Másokat feltépett torokkal, a hóban agyonverve találnak.

Around their bodies are tracks — larger than any wolf could make.

Testük körül nyomok húzódnak – nagyobbak, mint amiket bármelyik farkas képes lenne hagyni.

Each autumn, Yeehats follow the trail of the moose.

Minden ősszel a Yeehat-ek a jávorszarvasok nyomát követik.

But they avoid one valley with fear carved deep into their hearts.

De egy völgyet elkerülnek, a félelem mélyen a szívükbe vésődik.

They say the valley is chosen by the Evil Spirit for his home.

Azt mondják, a völgyet a Gonosz Szellem választotta otthonául.

And when the tale is told, some women weep beside the fire.

És amikor a történet elhangzik, néhány asszony sír a tűz mellett.

But in summer, one visitor comes to that quiet, sacred valley.

De nyáron egy látogató érkezik abba a csendes, szent völgybe.

The Yeehats do not know of him, nor could they understand.

A Yeehat család nem tud róla, és nem is érthetnék.

The wolf is a great one, coated in glory, like no other of his kind.

A farkas hatalmas, dicsőséges bundában pompázó állat, semmihez sem fogható a fajtájából.

He alone crosses from green timber and enters the forest glade.

Egyedül kel át a zöld erdőn, és lép be az erdei tisztásra.

There, golden dust from moose-hide sacks seeps into the soil.

Ott a jávorszarvasbőr zsákokból aranyló por szivárog a talajba.

Grass and old leaves have hidden the yellow from the sun.

A fű és az öreg levelek eltakarták a sárgát a nap elől.

Here, the wolf stands in silence, thinking and remembering.

Itt a farkas csendben áll, gondolkodik és emlékezik.

He howls once—long and mournful—before he turns to go.

Egyszer felüvölt – hosszan és gyászosan –, mielőtt megfordul, hogy elmenjen.

Yet he is not always alone in the land of cold and snow.

Mégsem mindig van egyedül a hideg és hó földjén.

When long winter nights descend on the lower valleys.

Amikor hosszú téli éjszakák ereszkednek az alsó völgyekre.

When the wolves follow game through moonlight and frost.

Amikor a farkasok holdfényben és fagyban követik a vadat.

Then he runs at the head of the pack, leaping high and wild.

Aztán a falka élén fut, magasra és vadul ugrálva.

His shape towers over the others, his throat alive with song.

Alakja a többiek fölé magasodik, torka dalra fakad.

It is the song of the younger world, the voice of the pack.

Ez a fiatalabb világ dala, a falka hangja.

He sings as he runs—strong, free, and forever wild.

Futás közben énekel – erős, szabad és örökké vad.